LOURDES P. CABRAL

SENTIMIENTOS DIVERSOS

SENTIMIENTOS DIVERSOS

Copyright © 2017 by Lourdes P. Cabral
All rights reserved.

ISBN-13: 978-1544223018
ISBN-10: 1544223013

Library of Congress Control Number: 2017907255
CreateSpace Independent Publishing Platform

United States of América
Primera Edición

Queda prohibida la reproducción o publicación total o parcial de esta obra y sus fotografías por cualquier medio sin la autorización previa y firma de la autora.

Disponible en:
Amazon.com
CreateSpace eStore
Kindle Store
y otros Distribuidores.

CONTENIDO

PRÓLOGO	15
SENTIMIENTOS DIVERSOS	16
AL AMANECER	17
UNA JOYA	18
TUS LABIOS	19
GRAN DESEO	20
MÚSICA EN MI CORAZÓN	21
A VERSO LIBRE	22
BAJO EL OLMO	23
ME GUSTAN TUS OJOS	24
ESTA MAÑANA LLUVIOSA	26
AYER DIJISTE QUERERME	27
QUERÍAS BESAR MI BOCA	28
TRISTE NIÑA	29
LAS PALABRAS MÁS DULCES	30
YA NO SÉ QUE DECIR	31
LLEGASTE A MÍ	32
DECLAMARTE UN POEMA	33
NO SE QUE HACER	34
INCERTIDUMBRE	36
ME ENSEÑASTE A QUERERTE	38
SE HA ROTO MI ALMA	40
DE AMOR ME HABLASTE	41
QUISIERA	42
CONTIGO PECAR	43
IGUAL QUE EL RÍO	44
UN POEMA ME IMPLORA	45
AMORES COMO EL TUYO	46
CUANDO ME MIRASTE	47

SANTA ME LLAMAS	48
A HURTADILLAS	50
ME PIDES	51
LE LLAMABA SEÑORA	52
COMO UNA NUBE	53
MI ARTISTA	54
LA CONGOJA	56
BAJO LA LUNA	57
SIN AMOR	58
EL DESEO	59
LE VI OTRA VEZ	60
TE FUISTE ALEJANDO	62
QUIERES TENERME	63
TARDE DE ESTÍO	64
SURCO ABIERTO	65
TUS MANOS	66
NUEVA TIERRA	67
EN SOLEDAD	68
PINTARTE VERSOS	69
HAY AMORES	70
EL BAÚL	71
CONDENA	72
SOBRE EL CAPULÍN	73
LE QUISE	74
SIN UN BESO	75
YO QUISIERA	76
ACARICIAN MIS OJOS	77
CIEGA MELODÍA	78
CUANDO LLEGA LA TARDE	79
UN GRITO	80
CEIBA DORMIDA	81

HOY COMO UN NIÑO	82
NECESITO	83
HERIDA PROFUNDA	84
TUS CARTAS	85
ROMPISTE MI CORAZÓN	86
EN EL TRANVÍA	87
DÍA DE LOS ENAMORADOS	88
EL ORDEN	90
TUS PALABRAS	91
ME SUBISTE AL CIELO	92
EL ÁRBOL	93
BAJO LA LUNA	94
UN AVE	95
FLOR SILVESTRE	96
LA FUENTE	97
TRISTE DETALLE	98
UN NUDO	99
SU POESÍA	100
EN LA CALLE	101
VIEJO POZO	102
MÁSCARA TRISTE	103
NATURA	104
ENCAJES DEL ALMA	106
TRISTE LONTANANZA	107
ROSTRO MARCHITO	108
FLOR DE ROMERO	109
MEMORABLE ENERO	110
RAYOS DE LUNA	111
PASIÓN	112
AL FINAL	113
HOY	114

ESCUCHA EL RUEGO	115
DESCALZA	116
DESPEDIDA	117
MARIONETA	118
LA MAREA	119
YA NO LE CANTA	120
UN DÍA GRIS	121
EL ALMA MÍA	122
TRISTE RITUAL	123
NADA	124
ANTOJO PROHIBIDO	125
ESTA NOCHE	126
NO HAY NADA	127
EL OLOR DEL ROMERO	128
EL ALMA	129
INSPIRACIÓN	130
LUZ FURTIVA	131
TERNURA EN SU MIRADA	132
LIMOSNA	133
HOY QUISIERA	134
BELLA ROSA	135
LA TAZA DE CAFÉ	136
NO BASTA	137
MENDRUGO	138
MISERIA	139
TU REGRESO	140
YA NO VIENES	141
MI PRIMER BESO	142
LA COSECHA	143
TUS LABIOS	144
MOLINOS DE VIENTO	145

LA LLAVE	146
ME DECLAMAS	147
LÍRICA MIRADA	148
EN LÍNEAS DE ORO	149
PLANTA DIVINA	150
JADEO IMPÍO	151
HOY ANHELO	152
AYER TÚ ME DIJISTE	153
NO HALLABA SALIDA	154
FILIGRANAS DEL ALMA	155
CARICIAS Y SUSPIROS	156
TIENEN 60 y 40	157
AMANTE FIEL	158
EL CANTO DEL ZORZAL	159
MAR DE ESPERANZA	160
PÉTALOS DE ROSA	161
DIJISTE	162
LA ILUSIÓN	163
BAJO LA LLUVIA	164
VOY A OLVIDAR	165
VUELAN MIS PENSAMIENTOS	166
UNOS OJOS TIERNOS	167
COMPADÉCETE DE MI SEÑOR	168
SEÑOR	169
EL NÉCTAR DE SUS FUENTES	170
AL BEBER DE AQUELLAS FUENTES	171
PERLAS	172
OTROS POEMAS	173
LIRIOS ROJOS	174
EL OFICIAL	175
ALBANIA	176

ELLA	178
SU RISA	179
ES ALEGRE	180
DOS ÁNGELES	182
MUY SONRIENTE	183
SU ABUELO	184
AYER SE FUERON	186
SU MANO	187
TRISTE LUNA	188
ESTE BESO	189
PADRE, TE HAS IDO	190
LAS MADRES	192
MADRE	194
LESLIE	196
BRENDA	197
RANDY	198
VERDE MAR	199
CUÉNTAME	200
DON QUIJOTE	201
DUÉRMETE MI NIÑA	202
BORDADORA DE SONRISAS	204
SELLO DE MUJER	205
BORREGA TRAVIESA	206
LA NIÑA Y LA RANA	207
CHARLIE	208
TOMMY	209
PATTY	210
MARÍA	211
EL PROFE	212
LA MAESTRA	214
VIRGEN DE LA CONCEPCIÓN	216

JEREZ 218
MI MÉXICO 220
LOS BARRANQUEÑOS 222
BELLO MONTE ESCOBEDO 225

Obras publicadas por la autora Lourdes P. Cabral

1. Confesiones de Amor en Secreto
2. Manantial de Amor
3. Sentimientos Diversos

DEDICATORIA

A mi familia por su comprensión y apoyo durante la realización de esta obra.

A mi tío Juan Manuel Pérez porque con sus palabras me estimula a seguir adelante en mis trabajos poéticos.

A los maestros Elia Bañuelos de Santiago y Samuel Correa Carrillo porque con sus enseñanzas despertaron en mí el deseo de escribir.

A mis amistades por su comprensión y aceptación de mis trabajos.

PRÓLOGO

SENTIMIENTOS DIVERSOS es un libro con poemas de amor romántico, amistad, respeto, admiración, y el cariño que se le tiene a lugares donde se ha vivido, y que se han quedado grabados en la memoria. Tal es el caso del pueblo donde vi la luz primera un hermoso rincón zacatecano. Ese bello lugar al pie de la sierra, impregnado por el aroma a pino, y por cuyo cielo, majestuosa, vuela el águila real, mientras con mirada inquieta observa sus laderas y caminos. En este libro, el lector podrá encontrar versos que han surgido desde el fondo del alma, impregnados de emoción e ilusión por ser compartidos con aquellas personas que gustan de la poesía.

Lourdes P. Cabral
Mayo 11, 2017
lourcabral28@gmail.com

SENTIMIENTOS DIVERSOS

Son sentimientos diversos
los que del corazón brotan,
como planta de una semilla
al caer en tierra fértil.

Se enredan en las paredes
al llegar la primavera,
y se cubren de colores
cual hermosas mariposas.

A cada flor del jardín
se le entrega un sentimiento,
que va desde lo profundo
hasta el rojo de un carmín.

Las avecillas del campo
Inspiran dulces poemas,
y hay otros en las ventanas
que brindan bella ilusión.

Algunos jilgueros cantan
serenatas y boleros,
con la mirada bien fija
en las copas de los pinos.

Los sentimientos diversos
como una plantita nacen,
y crecen si se les riega
con sincero corazón.

AL AMANECER

Con besos -al amanecer-
cubres mi boca,
mis valles, y montes,
llevándome a la luna
entre fulgentes llamas,
que al corazón provocan
pecados profundos
y al alma dan vida.

Me dices lo mucho
que has deseado
conmigo estar
de esta manera,
y gritas que me amas
con el alma en la voz
temblorosa y ardiente…
Mi cuerpo se estremece
y a tu amor se entrega
sin condición alguna.

Sin ataduras, escribes versos
en cada palmo de mi piel
que se entrega a ti,
embriagada de pasión
por tus fogosas caricias
que tan tierno y amoroso
me brindas, al amanecer.

UNA JOYA

Me ofreciste una joya
especial y divina
y la pusiste en mis manos
como el sol entre llamas.

Mis labios anhelan besarle,
a pesar del flameante fuego
que podría quemar mi alma.
¡Cuán fuerte es el deseo!

Es tan dulce cual granada,
hay amor en el ambiente.
Cada gota me eleva al cielo
mientras el alma desespera...

Quiero música celeste
del fondo de tu alma,
y con mis labios y manos
acariciar tu corazón... entero.

TUS LABIOS

Una canción me cantas
tan romántica y bella,
mientras late mi corazón
en lo alto del cielo.

Tus labios escriben un poema
con fuego y ternura,
en mi cuerpo que es tan tuyo
como la góndola es de Venecia.

Con fuerza me estrechas
contra tu amante corazón,
y yo cierro mis ojos
mientras me besas con dulzura.

Llueve desde tu alma
agua llena de pasión y deseo,
que calma mi sed
y tú con amor la revives.

GRAN DESEO

En lo profundo de tu ser
hay un gran deseo,
por degustar mis labios
y poseer mi alma.

Galopamos a las estrellas
unidos con fuego nuestros labios,
pétalos de rosa en nuestra cama
y rayos de luna nuestro único abrigo.

Un jilguero canturrea
apasionada serenata,
y llueven desde mi corazón
estrellas cubiertas de alegría.

Estréchame en tus brazos
y cántame "El Cantar de los Cantares",
mientras me besas tiernamente
y yo navego en el mar de tu mirada.

MÚSICA EN MI CORAZÓN

Apenas tocas mi mano
y siento que estoy en el cielo,
mientras las rosas abren sus pétalos
perfumadas con lluvia y fuego.

Me sumerjo con alma y cuerpo
en el océano de tu amor,
que me ayuda a sentirme viva
cuando me hundo en la tristeza.

El beso de tu boca
es dulce como el "mana",
y alimenta mi espíritu
con su cálida serpentina.

Hay música en mi corazón
cuando me tomas en tus brazos,
y acaricias mis labios y cuerpo
mientras la luna nos ve con envidia.

A VERSO LIBRE

A verso libre yo quiero
escribir lo que lleva el alma,
que manen palabras
como pétalos de flores,
ramillete de uvas,
y vino tinto entre los labios.

Quiero componer poesía
para acariciar tu boca,
y entrar a tu pecho como río
entre pedernales,
en tus manos quiero ser arena
y en tus labios una flor.

A verso libre yo anhelo
convertir nuestro amor en clásico,
con roces en la mirada
y besos en las pupilas,
-mientras al amparo de la luna-
declamamos caricias en libertad.

BAJO EL OLMO

Bajo la sombra del olmo
en sus brazos me toma,
y me cubre de besos
con la miel de su alma.

Se pierde en mis ojos
sedientos,
donde corre agua dulce
y anidan las aves.

Entona una melodía
al tañido de la guitarra,
-que ardiente vibra
con olas de fuego-
y con ternura
en los labios
escribe versos,
sobre mi piel.

ME GUSTAN TUS OJOS

(Oliva & Jesús)

-"Me gustan tus ojos"
-Le decía él
con dulce sonrisa,
y le pedía que los cerrara
para besarlos,
-"¡Cómo me gustan tus ojos!"
-Le repetía, mientras una
y otra vez los besaba
con devoción absoluta.

Hoy que él se ha ido
recuerda a diario los dulces detalles
que con ella tenía de recién casados.
Al oído le cantaba boleros,
y acariciaba sus manos
de tímida doncella
que le robaba el aliento,
al mirarlo con esos ojos
que tan bellos
y dulces le parecían.

Su duelo lo pasa
escuchando la música
que a su esposo le gustaba,
y el pecho se le oprime
mientras tiembla su cuerpo,
como si fuera un pétalo de rosa.

Le hace mucha falta su compañía
porque juntos pasaron largos años,
pero él se fue primero
dejándola muy sola y triste,
y ella no encuentra consuelo
aunque a diario lo busca,
en los recuerdos del alma.

ESTA MAÑANA LLUVIOSA

Besar tus labios quiere mi boca
esta mañana lluviosa,
-mientras canta un jilguero
en el vergel-
su canto zalamero y dulce
que enciende el corazón
de los amantes,
y germina caricias en la mirada.

Vuela hacia a ti mi mente
para sentir el fuego de tu boca,
que le quita el frío a mi alma
con apasionados besos
y palabras ardientes,
que al oído me susurras
al acariciar mi alma.

Quiero perderme en tus brazos
y pecar entre llamas de fuego,
-que fulgentes de la piel brotan-
al unirnos entre pétalos de rosa
y sábanas de rayos de luna
que nos abrigan al hacer el amor.

AYER DIJISTE QUERERME

Ayer dijiste quererme,
desde el primer momento
que tus ojos vieron los míos,
y quieres tenerme en tus brazos,
besar mi boca, y hacerme el amor.

Hoy estás en lejano camino
con la mirada en el horizonte,
recordando mi rostro,
y en el corazón el deseo
de tenerme cerca,
perderte en mi mirada,
besar mi boca, y rozar mis manos.

Ayer dijiste cosas
que conmovieron mi alma,
y abrieron una puerta profunda
por dónde has entrado a sembrar
una semilla amorosa…
Este día, te recuerdo triste,
me hacen falta tus besos,
caricias, y dulces palabras
al entregarme tu amor.

QUERÍAS BESAR MI BOCA

Querías besar mi boca
y te declamara un poema
que aprendiste de memoria
al sentirlo tuyo...
te ilusionaba escucharlo de mí,
y preguntaste si me meto en mis versos
al escribirlos... al decirte que sí,
te subió el color al rostro,
inquieto y emocionado sonreíste,
miraste al cielo, cerraste los ojos,
los abriste, y quisiste decir algo,
pero buscando mi boca
guardaste silencio.

Me alejé de ti sin decir nada,
recordando tus ojos
al pedirme que declamara.
Y desee besar tus labios
que dulce licor destilan,
racimo de uvas moscatel,
copa que me ofreces
cuando callas y desvías la mirada,
beso en tus labios de hombre
que no ha llegado a mí.

TRISTE NIÑA

Con ropas sucias y harapientas
y desolación en la mirada,
luce la triste niña junto a la ventana
donde se ve la mesa puesta,
con deliciosos platillos
que alguna vez probó
y hoy solo imagina y saborea
sin poder tocarlos.

De pronto, un hombre tosco
le ordena irse por donde vino,
y ella sin poder moverse
lo mira suplicante,
se conforma con ver los alimentos
pero el hombre despiadado
está a punto de empujarla,
cuando una mujer le toma la mano
y le grita enardecida:
-"¿Acaso no reconoces a tu hija
que al fin ha regresado?"

LAS PALABRAS MÁS DULCES

Me dijo las palabras más dulces
al tomar mis manos mirando mis ojos,
el piso se movió bajo mis pies
y en mi corazón se encendió una llama
que abrigó mi alma.
Había estado muy triste
envuelta en soledad sombría,
dentro de un túnel oscuro
sin esperanza de ser feliz.

Hace dos días que no lo veo
y no sé nada de él,
el piso se mueve otra vez
en pantano de incertidumbre,
no sé si está bien
o si acaso se olvidó de mí.
Hace dos días me juró su amor
y yo sentí que al cielo subía
entre sus brazos, y fui feliz.

Me dijo las palabras más dulces...
Hace dos días que no lo veo,
y no sé nada de él.

YA NO SÉ QUE DECIR

Ya no sé qué decir
para que entiendas
lo que siento
al mirar tus ojos dulces
cuando tu alma me habla en ellos.
Conmueve mi corazón su destello
pues dices que me llevas dentro
como un tatuaje grabado
en lo más profundo de tu ser.

Entonces quiero hablar
para decirte que soy feliz,
y deseo besar tu boca
mas solo te miro y callo.
Vehemente, grito en silencio
que se estremece mi cuerpo,
y se emociona mi alma
con dulzura y fuego.

A tu lado, el mundo cambia,
y mi espíritu se eleva a los cielos
donde sueño besar tu boca
y acariciar tus manos.
Brindarte mi vida entera deseo
pues reavivas mi alma,
y tañen campanas de amor
dentro del corazón,
cuando me pierdo en tus ojos
y el calor de tu piel quema la mía
-mientras le habla con caricias-
como cálida brisa del mar.

LLEGASTE A MÍ

Llegaste a mí cuando más triste estaba
y dijiste que tu corazón me ama.
Te miré a los ojos y callé
aunque quería gritarte mi amor.

Vuelan por el cielo las golondrinas
y atormentan mi alma,
pues con ellas viene tu recuerdo
como el viento en primavera.

Arde la llama en la chimenea
tornándose más fulgente,
cuando sopla el viento
su canción de amor.

Te has marchado a otras tierras
bajo el amparo de otro cielo,
y te llevaste una parte de mi
en los besos de tu boca.

Tus caricias me hacen falta,
y el calor de tus brazos
que borran el frío del alma,
pero ya no estás.

Cierro los ojos con infinito dolor
para no pensar más en ti,
pero al cerrarlos te miro
y sé que nunca te olvidaré.

DECLAMARTE UN POEMA

Quiero declamarte un poema
mirando tus ojos dulces,
mientras estoy en tus brazos
y acaricias mi espalda.

En ese poema decirte
las cosas lindas que siento,
desde el momento
que dijiste quererme.

Sueño en besar tu boca
y brindarte el amor
que ha nacido en mi pecho,
y que todo es para ti.

Anhelo sentir el fuego
de tu cuerpo cual estrellas
que borren el frío del alma,
y de esta boca que es tan tuya.

Por favor, acércate a mí
para declamarte un poema
sobre tu cuerpo,
con mis ardientes labios.

Quiero que sepas
que me has robado el alma,
y te pertenece mi corazón,
mi boca, y el fuego en mi piel.

NO SE QUE HACER

No sé qué hacer con este amor
que has despertado en mi pecho
pues deseo tocar tu rostro,
besar tus labios con locura
y tomar tus manos
mirándote a los ojos.

Mostrarte las notas
que en mi alma
forman melodía de amor,
pero a mi lado no estás
y el piso se hunde a mis pies
cuando deseando amarte,
debo guardar mis besos
en el baúl de lo imposible.

Heme aquí, herida y triste,
con besos en los labios
que no puedo regalarte,
porque un abismo separa
tu boca y la mía
que a los claveles mata,
y a las rosas marchita
con el filo cruel de la distancia.

Ven a mí con el alma descalza
para cubrirte con alas de amor,
y con destellos del infinito,
pasión y deseo
que encienden el rostro
de un bellísimo carmín.

INCERTIDUMBRE

Carcome mi alma la incertidumbre
desde que diste las buenas noches
con enamorada y dulce voz,
y fui a la cama a soñar contigo,
anhelando el sabor de tu boca
que apasionados besos me prometió.

Dijiste amarme con sentimiento
fuerte y profundo,
y mi alma se estremeció
cuando afirmaste,
que desde el primer momento
me llevas dentro
deseando estar en mis brazos,
y brindar calor a mi cuerpo
que ha sido tu adoración.

Hoy no tengo tus besos,
y nieve cae en mi corazón
por la incertidumbre
de no saber dónde estás...

Hay en mí, un profundo vacío
que ahoga mi pecho
y no me deja sonreír,
porque me haces falta
para seguir por el camino
donde un día, fui tan feliz.

Llueven lágrimas de mis ojos,
como pétalos escarlata
que cubren las baldosas,
mientras te busco
con espíritu descalzo,
la mirada perdida
y los brazos abiertos
en espera de ti...

Aquí te sigo esperando,
con dulces besos en la boca
que he guardado para ti,
¡No te demores!
que es muy triste la vida sin ti.

ME ENSEÑASTE A QUERERTE

Tiembla mi corazón
mientras se anegan mis ojos
con el llanto que de mi alma brota,
porque te extraño tanto
sin saber de ti.

Me enseñaste a quererte,
cuando tímidamente
tu corazón abriste para mí
y dijiste lo mucho que me amas
desde hace tiempo atrás.

Te has ido al decir adiós
mas no pensé que para siempre,
y con una sonrisa me alejé de ti
esperando que saliera el sol
para volver a tu lado.

Me hacen falta tus brazos,
tus palabras de amor,
tu dulzura infinita,
pero es negra la noche
y no te puedo encontrar.

Tenerte a mi lado quiero
para tomar tus manos,
besar tus labios, y tu rostro
que alumbra mi vida
con el brillo de su sonrisa.

Se apagaron luna y estrellas
al marcharte por el viejo camino,
dejando en mí una herida
de tristeza y desengaño
que aniquilan mi alma.

SE HA ROTO MI ALMA

Se ha roto mi ama
en mil pedazos distintos,
al comprender que mentiste
cuando endulzabas mi oído
con falsas palabras de amor,
y hoy siento que caigo
en profundo abismo
de tristeza y dolor.

En tus brazos subí al cielo
y me creí estrella del infinito
al sentir los besos de tu boca,
pero cuando más feliz yo era
me dejaste caer sin previo aviso
porque no me amas,
y no te importa el llanto en mis ojos
que forma un tsunami en el mar.

Pisoteaste mi corazón con saña,
y hoy quisiera dormir
para no acordarme de ti,
pues lograste ilusionarme
con el falso amor que me dabas,
y yo, inocente me enamoré
del hombre que imaginé...
Hoy quiero que salgas de mí,
y no quede rastro en mi pecho,
mi alma, ni en mi piel.

DE AMOR ME HABLASTE

De amor me hablaste,
con dulzor en la sonrisa
y ternura en la mirada,
acariciando mis sentidos,
despertando mi alma
y de mi piel el fuego.

Tus labios me brindaron
el néctar de la sagrada vid,
y embriagaron mi alma
con calor fulgente,
-liberado de tu piel-
al rozar la mía que es tan tuya.

Tus manos escribieron
apasionada balada
sobre la curva de mi cintura,
con movimientos sugerentes
y palabras tiernas
del manantial del alma.

Hoy, me veo en tus ojos
y mi corazón se estremece,
como pájaro en vuelo
para llegar a su nido,
junto al amor que le espera
con mieles que endulzan su vida.

QUISIERA

Quisiera...
Besar tu boca y tu cuerpo
mientras pasea la luna
en los brazos del cielo
hasta llegar la aurora.

Quisiera...
Hablarte de lo que llevo dentro
desde el momento aquel
cuando mis ojos vieron
el fondo de tu alma.

Quisiera...
Navegar tu mar y tu cielo
y brindarte besos
de un rojo intenso
con sabor a pecado.

Quisiera...
Cabalgar contigo a la luna
entre cometas y estrellas
que alumbren nuestra mirada
cual llama de fuego.

Quisiera...
Estar tatuada en tu pecho
y decirte cuánto deseo
besar tus labios
cuando te pienso.

CONTIGO PECAR

Implacable distancia
atormenta mi alma,
porque anhelo tu boca
y tu edén recorrer,
bajo rayos de plata
e inquietas luciérnagas,
danzando al ritmo
de un grillo insomne,
que con mucho afán toca
su alegre acordeón.

Se clava tu mirada
cual leño encendido
hasta el fondo del alma,
y estremece mi cuerpo
que flota en el aire,
con ardientes deseos
de adherirme a tu pecho,
y eternamente contigo pecar.

IGUAL QUE EL RÍO

Apareces ante mis ojos
con brillo intenso en la mirada,
y en los labios mil besos
para darle a mi boca,
que entreabierta espera
incendiarse con el fuego,
de tu alma apasionada y lasciva.

Te acercas y sellas mis labios
con torrentes de estrellas
que del cielo bajan,
armoniosas y rebeldes
como el sol y la luna
en un día lluvioso,
impregnado de rayos
que abrasan el alma
y al cielo la elevan.

Le quitas la sed a mi cuerpo
con caricias eternas,
y con el dulce néctar
que a beber me llama
en madrugada fría,
y en tarde de estío
cuando nuestros cuerpos
se unen en sagrado rito,
igual que el río al llegar al mar.

UN POEMA ME IMPLORA

Un poema me implora
tu dulce mirada,
sediento lucero
que el corazón encandila
estremeciendo mi alma,
donde te llevo tatuado
como el agua en la arena.

Hoy versos escriben
sobre tu piel mis labios,
y los declaman mis dedos
que juguetean soberanos,
robándote ardientes notas
desde el fondo del alma.

Una sonrisa me brindas
que me quita la calma,
y entre suspiros navegamos
hasta llegar a la luna,
donde anclas tu barca
y yo termino tu poema.

AMORES COMO EL TUYO

Amores como el tuyo
lastiman el alma,
porque disfrutas
haciendo sufrir
a quien tanto te ama.
Voy a sacarte
desde el fondo del pecho,
para no pensar en ti
en la regadera,
por la mañana,
al llegar el ocaso,
o al irme a la cama.
Borraré de mis manos
las caricias que brotan
para tu cuerpo,
y las echaré al mar,
antes que lleguen a ti
como rayos de luna.
No volveré a besar tu boca,
ni a susurrar en tu oído
versos de amor y candela,
desde ahora en adelante
saldrás de mis venas
cual triste impureza,
y empezaré una vida
lejos de tu lecho,
abrigada por blanco hielo.

CUANDO ME MIRASTE

Cuando me miraste ayer
tembló mi cuerpo entero,
sentí el deseo grande
de arrojarme a tus brazos,
besar tus labios,
y endulzar tu alma
con roces fogosos.

Soñeme en tu lecho
entre sábana de seda,
chimenea encendida
y luces de colores
que alumbran tu rostro,
perderme en tu mirada
y encontrarme en tu corazón
al llegar la madrugada.

Tus ojos me cantan boleros
cuando me habla tu boca,
y tus labios me besan toda
aunque tus manos no me tocan,
porque me llevas prendida
entre tu piel y tu alma,
por eso te sueño siempre
pues dormido me hablas,
e imploras que sea tuya
de manera absoluta.

SANTA ME LLAMAS

A través de la ventana te miro
al pasar por el viejo camino,
y el corazón se estremece
-cual botón de rosa-
cuando el viento lo mece
una tarde de estío
que amenaza lluvia.

Tus ojos besan mi cuerpo
con miradas lascivas
y pecaminosas,
mientras paso de largo
sin tocarme te siento
y aunque santa me llamas,
arde fuego en el cielo.

Volar yo quisiera
y echarme en tus brazos,
hundirme en tu pecho
mientras mi canto dedico
a tus labios amados,
que ensalzan los míos
con notas ardientes
en lejana utopía,
donde se unen mar y cielo
en fogoso desafío.

Santa me llamas, con caricias
que del alma brotan,
mientras a la luna
hacemos pleitesía,
entre estrellas brillantes
de mil colores,
cuando tu piel y la mía
se engarzan
para componer
la más ardiente y bella melodía.

A HURTADILLAS

A hurtadillas mi boca besas
y desvías la mirada,
para que no descubra
que en el corazón me llevas
como el aire que respiras,
el agua que mitiga tu sed,
alimento que la vida te da,
y fuego que te abriga del frío.

Recibo tus besos
con temblor en mi cuerpo,
la sangre se acelera
y crecen los deseos
de adherirme a tu pecho,
cantarte una balada
con el roce de mis labios
en la geografía de tu piel.

A hurtadillas entras en mi alma,
y de mis deseos te apoderas
con caricias de miel y fuego,
que siembras en cada surco
bajo el amparo de la lluvia,
los rayos del sol y la luna,
mientras canta el gorrión
su canto zalamero
con notas del corazón.

ME PIDES

Me pides que te escriba versos,
impregnados de pasión y deseo
como el que arde en tu cuerpo
cuando piensas en mí,
en la soldad de tu alcoba
mientras pasa la noche.

Con una copa en la mano
y música de fondo
declamas mis poemas.
Preguntas si me meto
en mis letras,
y te emociona imaginar
que cada frase
la dicta mi corazón para ti.

A veces te atreves,
y expresas el sentimiento
que cuelga de tu pecho
como antigua campana,
tañendo ardiente melodía
con besos del alma
que acarician
el fondo de un rojo mar.

LE LLAMABA SEÑORA

Ya no tiene las caricias
de aquel hombre tan amado
que en otrora le cantara
tomándola entre sus brazos,
y le dijera cosas lindas
comparables con los salmos.

Hoy lo recuerda muy triste
en soledad absoluta,
y al canario le platica
bajo la luz de la luna
que se ha marchado su amor
y la herida le supura.

Se han anegado sus ojos
al recordar los momentos
compartidos en antaño,
él recostado en su seno,
bella música de fondo,
dulces miradas y besos.

No se resigna jamás
a estar triste y estar sola,
pues le hacen falta caricias
fuego y pétalos de rosa,
que en su cama colocaba
mientras le llamaba señora.

COMO UNA NUBE

Hoy quiero escribirte un poema
con besos en ramillete,
y de mis dedos el roce
por tu sendero de fuego,
mientras al cielo acarician
rayos blancos y escarlata.

Mis labios quieren robarte
la más hermosa melodía,
desde el fondo de tu alma
seguida de ardientes suspiros,
mientras degusto el néctar
que mana de tu corazón.

No escondas la mirada,
que en ella me quiero ver
-como tú me miras-
cuando reclamas mis labios,
y el fuego de mi piel
que te abriga del frío,
y borra tu soledad.

Hoy quiero escribir un poema
en tu boca, tus manos,
tu piel, tu corazón,
y en el fondo de tu pecho,
para perderme en ti
como una nube en el cielo.

MI ARTISTA

(Gloria & Roberto)

-"Mi Artista" -le dice,
y le pide que le lea poemas
de los más candentes...
Él, complaciente le declama
versos que brotan del alma,
mientras ella le observa
dando gracias a Dios
por tenerlo en su vida.

Quiere que él sea feliz,
y que desarrolle su Arte
por medio de la Pintura
-que desde niño le apasiona-,
pero él es tan feliz
que prefiere posponer
su anhelo artístico,
para dedicarse
a su esposa y su hijo.

Ella le suelta las alas,
para que vuele
como el águila real
en lo alto del cielo,
hasta llegar a Italia
donde los pintores sueñan
encontrar la inspiración
y plasmar sus ideas
sobre finos lienzos,
con sangre del corazón
y los labios como pincel.

Observa con ternura
al hombre maravilloso
que le brinda su amor
y su compañía...
Él ya no pinta en lienzos
porque ahora pinta
sobre el cuerpo de ella,
-su fuente de inspiración
a quien ama y venera-
con labios, piel, y mirada.

LA CONGOJA

Abre sus fauces la tierra
y le llama sonriente,
mientras el corazón
con punzante herida,
derrama gotas
de un grana brillante.

El alma no encuentra
una sombra,
donde descansar
por un instante,
y sigue su andar eterno
entre guijarros y abrojos.

No hay un hombro
para recostar su rostro,
ni palabras de consuelo,
o labios que rocen
su corazón con ternura,
y se doblega el espíritu.

La congoja en su pecho
se acrecienta,
y tiembla su cuerpo
sin esperanza alguna,
porque el dolor le hiere,
y taladra hasta los cabellos.

BAJO LA LUNA

Tiritan sus labios
por un beso dulce
que nunca llega,
y se marchitan
como pétalos de rosa
bajo los rayos del sol.

Mariposas de mayo,
que el alma acaricia
con alas de seda
y terciopelo en la mirada,
¡No dejen que duerma
sin conocer el amor!

La llama se enciende
y dos palomas
se elevan al cielo,
sus besos son tonada
de canción bajo la luna,
convertida en poesía
al amanecer.

SIN AMOR

Nada es sin amor un beso,
ni las caricias compartidas
que entre llamas se elevan,
pues sólo dejan vacío
y escarcha en el alma.

Si no hay fuego en la mirada
el estío se vuelve invierno,
y las flores en primavera
se tiñen de ocre
como si fuera otoño.

La sed no se apaga
con las olas del mar,
sino con ríos de dulzura
de una boca enamorada,
que conquista la piel.

Hace falta un beso
que nace cual rayo de luna,
como el sol por la mañana,
y la gota de rocío
en el pétalo de una rosa.

EL DESEO

En sus ojos se dibujó el deseo
y miró mis labios con sutil sonrisa,
temblaron sus manos
al rozar las mías,
y al sentirnos cerca
el alma se estremeció.

Se rompieron cadenas
en mil pedazos,
y nos miramos cerrando los ojos,
porque cuando hay amor
se mira con el espíritu,
mientras arde fuego en la piel.

Me regaló sus besos
como si fueran pétalos de rosa
y hasta el azul del cielo me brindó,
declamó poemas sobre mi pecho,
le cantó canciones al corazón
y entre caricias y besos,
buscó en mi playa
donde anclar su amor.

LE VI OTRA VEZ

Le vi otra vez esta mañana
sentado en el jardín
de la iglesia,
su espalda pegada a la pared
y los ojos perdidos,
llevaba el mismo pantalón
de hace varios días
y que otrora fuera blanco.

Su par de zapatos
sin agujetas,
decolorados por el tiempo,
y las suelas con ventanas
por donde entra el viento
que abanica sus pies.

No lleva perfume en sus ropas,
y algunos se cubren la nariz
al pasar a su lado,
-sin darse cuenta-
que el alma de ellos
no huele mejor.

Él sigue inmóvil
después de mucho tiempo,
y solo mueve su mano
para espantar una mosca
que se posa en su rostro
y no lo deja dormir.

Más tarde pienso en él;
si tendrá familia en algún lugar,
si le recuerdan con cariño,
y si él piensa en ellos
cuando cierra los ojos.

Mi corazón se estremece
pues toda madre
quiere ver felices a sus hijos,
y quizás la madre de ese hombre
espera en la puerta,
con los brazos abiertos
mientras él yace
en el jardín de una iglesia,
con los ojos perdidos,
y espantando una mosca.

TE FUISTE ALEJANDO

Te fuiste alejando al llegar el otoño
y mi jardín dejaste triste y sombrío,
le hace falta tu dulce canto
y la pasión de tu mirada,
mientras besas mis labios
anclado en mi alma.

El ruiseñor ya no viene
a visitar su nido,
ni a libar de las flores el néctar
como la pasada primavera,
aquí sólo hay lluvia seca
y las flores no abren la puerta,
pues están en la penumbra
desde que te alejaste.

La poesía me brinda su canto
de melancólica nota,
y brotan versos de tristeza
porque me hacen falta tus besos.
Quisiera escribirle al amor
pero se ha marchado en tu corazón,
y en este cielo ya no hay estrellas
ni luna que den abrigo a mi pecho.

QUIERES TENERME

Dentro de tu cama
quieres tú tenerme,
y robarme el alma
con tus dulces besos,
-en mi piel de nácar-
tan pecaminosos
como fría escarcha
y encendido fuego.

Febril tu mirada
y jadeante el cuerpo,
-cual ardiente llama-
de prisa galopas
mi pradera casta,
cortando las rosas
y gladiolas blancas
con tu desatino.

Entregarte el alma
-yo quiero este día-
porque tú me cantas
los versos más puros
de palabras santas,
entre el fuego rojo
que al amor ensalza
en noche de luna blanca.

TARDE DE ESTÍO

Mi corazón cual paloma
-se hace puño al cantar-
porque anhela un amor
de los que hacen temblar,
cuando el cielo se une
al del ser amado,
y se estremece el alma
al navegar en su mirada,
cual cisne en medio del mar
y al cobijo de un lienzo azul,
que cuelga del viento
mientras acaricia al sol,
la luna, las nubes,
y las estrellas.

Quiero ser enredadera
para atarme a tu alma,
conquistar espacios foráneos
en lo profundo de tu ser,
y llegar a la luna
entre encajes arrebolados,
que purifican tu piel y la mía
en un viaje celestial,
como infinita melodía
de pétalos de fuego,
en una tarde de estío.

SURCO ABIERTO

Tu mirada, pétalo de rosa,
siembra caricias
en valles y montes,
donde con hilo de plata
cuelgan rayos de luna,
que dulcemente susurran
música celestial.

Acorta el fuego la distancia
desde tu iris a mi senda,
néctar y polen
entre jardín y boca,
-nido para el alma-
que deja huellas
de húmedos versos,
en el surco anhelante
del corazón.

TUS MANOS

Se desplazan tus manos
por sagrados caminos,
persiguiendo el cielo
entre pétalos de rosa
y gotas de vino tinto,
donde nace una estrella
que ilumina tu camino,
hasta que siembras perlas
en lo profundo del alma.

Yace tu cuerpo en el lecho
que de la luna cuelga,
mientras tus labios rozan
los senos nacarados,
en ese valle, donde un sauce
les brinda sombra y fuego,
para que nunca olviden
que vive dentro del pecho,
como jilguero en primavera
al salir el sol de mañana,
y al ocultarse, dando paso
a rayos blancos y celestes,
en la lejana utopía.

NUEVA TIERRA

Tristes y alicaídas vuelan las golondrinas
mientras el alma llueve cual manantial herido,
tañen viejas campanas en el campo florido
y ondulan con el viento las nubes blanquecinas.

La vieja jacaranda cubre el piso de flores
y la luna coqueta susurra serenata,
con su rostro cubierto por los hilos de plata
que al corazón le causan encendidos rubores.

Entre las mariposas se esconde un alma sola
como blanca gladiola tan tímida y muy buena,
cuando por la mañana se desnuda serena
luz de luna en el cielo sin pétalo y corola.

Se van las golondrinas con dolor en el pecho
a buscar otra tierra que les de nuevo techo.

EN SOLEDAD

Cada vez que en el monte sale el sol
se perfila su rostro en una nube,
cual pintura bendita y arrebol
que acaricia mi rostro mientras sube.

El agua se desliza por el río
con sonora tonada en soledad,
y sabiendo que el alma tiene frío
le brinda su cariño con bondad.

Los mirasoles rosas del barbecho
adornan el camino con belleza,
que por una desgracia tan maltrecho
se había sumergido en la tristeza.

Hoy parece que quiere renacer
la alegría muy dentro de su ser.

PINTARTE VERSOS

Hoy quisiera pintarte versos enamorados
con un tono granate de sensual arrebol,
mientras arde en tus ojos la llama de pasión
que alumbra mi camino como brillante faro.

La luna fiel testigo por el cielo de marzo
se detiene a mirarnos con dulzura y amor,
y parece que canta bendiciendo su voz
como la brisa fresca que nos lleva en su manto.

En tu mar yo navego mientras cantas canciones
que embriagan a mi pecho con ganas de beber
del néctar en tus labios cual benditos crisoles.

El beso de tu boca me sabe a dulce miel
impregnada de aroma de bellísimas flores
que se adentra en el alma mitigando mi sed.

HAY AMORES

Dulce recuerdo brota entre las flores
cual bella mariposa en primavera,
y se desliza cálido a mi vera
mientras cantan alegres ruiseñores.

En cada pecho nacen los amores
cual negra golondrina zalamera,
que en invierno a otras tierras se fuera
sembrando gran tristeza y sinsabores.

"Hay amores que dan felicidad"
y los hay otros crueles que abandonan
porque en el pecho llevan falsedad.

Las almas buenas siempre los perdonan
-hasta que un día llueve tempestad-
y les brindan desprecio y lo pregonan.

EL BAÚL

Me llegan los recuerdos de un febrero
junto a la buganvilia florecida,
pues me dejaste triste y tan herida
y el corazón templado cual acero.

Te fuiste con el viento traicionero
sin saber que, al marcharte de mi vida,
en mi pecho sufrí la despedida
y desde entonces siento que me muero.

Cada noche suspiro en soledad
y al mirar que ese cielo no es azul
llora mi corazón fatalidad.

Llueven tormentas rojas del baúl
que guarda mis memorias con bondad
y envueltas tus cenizas en un tul.

CONDENA

Cómo extraño los besos de tu boca
que se han ido perdiendo con el viento,
y gime el corazón triste lamento
porque verme en tus ojos me provoca.

Al irte me dejaste como roca
que no tiene ni vida ni talento,
y no tañe canción este instrumento
porque ya tu dulzura no le toca.

La campana ha perdido su tonada
y el rosal se ha secado por la pena
al saber que yo sufro enamorada.

A lo lejos se escucha una verbena
y unos tristes acordes de balada
mientras sufre mi pecho cruel condena.

SOBRE EL CAPULÍN

Me columpiaba sobre el capulín
comiendo de su fruto color grana,
cuando de amor me hablaste en la mañana
desde el suelo de aquel bello jardín.

Me mirabas, y yo miré un jazmín
por los surcos del huerto en filigrana,
mientras llegó un tañido de campana
y mariposas blancas de satín.

Un beso me lanzaste enamorado
y dijiste con mucho sentimiento,
que anhelabas estar siempre a mi lado.

La rama donde estaba sostenida
se movió con el viento del camino,
y entre los dos surgió la despedida.

LE QUISE

Le quise en el albor de primavera
momento inolvidable de mi infancia,
cuando el pecho latía con prestancia
y él besaba mi boca quinceañera.

Yo respondía cálida y sincera
pues era deliciosa la fragancia,
de sus labios cortando la distancia
de pasión embriagado hasta mi vera.

Hoy recuerdo sus ojos seductores
y sus manos de artista cual pinceles
en mi piel dibujando sus candores.

En su rostro dejé mil sensaciones
sembradas con mis manos amorosas
entre pétalos, perlas, y oraciones.

SIN UN BESO

Con pasos temblorosos y cansados
va recorriendo calles sin espejos,
cubiertos con escarcha sus cabellos
y una gran soledad en sus abrazos.

Viejas caricias quedan en sus manos
y en la mirada lleva los recuerdos,
de amores que temprano se le fueron
dejando en la penumbra el triste faro.

Le ha curtido su rostro como un santo
el sol que besa el mar y surca el cielo
con el brillo dorado de sus rayos.

De su pecho ha brotado cruel cencerro
con notas impregnadas de los años
que ha vivido tan triste, y sin un beso.

YO QUISIERA

Yo quisiera besarte bajo el sol y la luna
con mis besos más dulces que acarician el alma,
y decirte en silencio lo que yo por ti siento
al llegar la mañana de ilusión y de encanto.

El corazón tirita cual pétalo de rosa
al sentir las caricias de tus labios amantes,
que derraman sus notas de romántico amor
y nos lleva hasta el cielo con ternura y con sed.

Las estrellas alumbran -seductoras y ardientes-
nuestro paso entre flores de colores divinos,
y preciosos aromas de silvestres violetas.

Canturrean jilgueros su tonada más linda
a sabiendas que estamos muy juntos en tu lecho,
y nos cantan sus notas en un tono coral.

ACARICIAN MIS OJOS

Acarician mis ojos sus doradas espigas
con sus granos de trigo tan lozanos y hermosos,
que embelesan el alma con sus tonos preciosos
y quisiera pintarlos entre nardos y ortigas.

Hoy el sol les abriga mientras llega la tarde
con la luz de su pecho que destella entre flores,
y sus trinos susurran alegres ruiseñores
ante llamas de fuego que mucho hacen alarde.

Cuando llega el otoño se recogen sus granos
y de tristeza un halo se dibuja en los surcos,
porque arrancan de tajo cada planta en los llanos.

Las espigas se entregan ante las aspas crueles
a las que lleva el viento cual temido corcel,
o como tren viajero que domina los rieles.

CIEGA MELODÍA

Con el brillo del alma, campos floridos mira
porque la oscuridad ha cerrado su velo,
que le impide ser libre bajo el azul del cielo
pues hoy nada es igual, y tristemente suspira.

Quiere ver las gaviotas sobre el inmenso mar
y las traviesas olas cuando bañan la arena,
o al romperse en las rocas mientras nada las frena
vestidas de pasión con deseos de amar.

En su mente camina por los montes y valles
inhalando el aroma de legendarios pinos,
y con melancolía recuerda los caminos
de sus años de infancia con hermosos detalles.

Vehemente hoy anhela la claridad del día
para mirar su rostro, y la luna en la noche,
mientras su alma suspira con dolor y reproche
cuando le canta al cielo, su ciega melodía.

CUANDO LLEGA LA TARDE

Cuando llega la tarde con rostro nacarado
se me antojan tus besos en dorados trigales,
y colgarme de tu alma como blanca paloma
con sus alas de diosa, y en el pico mil besos.

Más te fuiste muy lejos, y contigo mi vida
se perdió en el vacío de tristeza y dolor,
al no tener tus besos, ni tus dulces abrazos
cuando llega la tarde con su triste balada.

Yo quisiera en verano concederte un deseo
y con tiernas caricias encender tu pasión,
mientras rozan mis labios el camino al edén.

Brota sangre del pecho pues muy lejos estás
y yo sueño contigo, que me besas y ríes,
bajo la blanca luna cuando llega la noche.

UN GRITO

(A un anciano)

Sus ojos llevan tristeza
mientras extiende la mano,
ya no es aquel hombre sano
que nunca tuvo pereza.

Se terminó la destreza
que utilizaba en el llano,
como el mejor hortelano
con infinita nobleza.

Hoy con el rostro marchito
una limosna lo hiere
y de su alma brota un grito.

La caridad ya no quiere
pues le parece un delito,
y poco a poco se muere.

CEIBA DORMIDA

En un solitario paraje
se haya una mujer perdida,
como una ceiba dormida
cubierta por su follaje.

No hace falta camuflaje
para que salve su vida,
pues lleva una gran herida
y le abruma un cruel celaje.

Ya no se puede salvar
de ese infame desatino
que no le deja ni amar.

Se extravió en ese camino
-donde no hay ríos ni mar-
como si fuera su sino.

HOY COMO UN NIÑO

Hoy como un niño le llora
mientras le besa su frente,
y ella con mirada ausente
sabe que le llegó la hora.

Cual buena madre le adora
y de nada se arrepiente,
porque nunca estuvo ausente
como toda una señora.

Le duele la despedida
pues no quiere ver sufrir,
a su hijo por su partida.

Él se postra de rodillas
y le acaricia las manos,
mientras llueve en sus mejillas.

NECESITO

El amor es un lucero
que de lejos me divisa,
y ante mí pasa de prisa
a pesar que yo le quiero.

No le importa mi tristeza
ni los besos de mi boca,
ni el sentir que en mi provoca
de magnífica pureza.

Siempre dice que me quiere
con el corazón entero,
y con voz de zalamero
él me ruega que lo espere.

Yo que anhelo sus caricias
me atormento y lloro a mares,
angustiada y con pesares
por amor y sus delicias.

En su pecho –recostada–
y de sus labios un beso,
yo mucho amor le profeso
con el alma y la mirada.

Corre y vuela jilguerito
y dile al ser que yo adoro,
que venga pronto le imploro
pues yo su amor necesito.

HERIDA PROFUNDA

Has lastimado mi pecho
con una herida profunda,
que al mar con mi sangre inunda
mientras yo muero en mi lecho.

Quiero olvidarme de ti
cuando llegue la mañana,
al tañido de campana
y el canto de un colibrí.

Ya no quiero recordarte
ni el fuego que de ti brota,
que a mi corazón azota
pues me lastima el amarte.

Tus versos fueron mentira
y aunque endulzaron mi oído,
quiero borrar su sonido
porque hoy mi mente delira.

Voy a borrar tu recuerdo
con ríos de agua bendita,
que al corazón resucita
mientras los labios me muerdo.

Nunca besarás mi boca
aunque muera de deseo,
porque en tus acciones leo
que hoy a ti sufrir te toca.

TUS CARTAS

En un viejo ropero yacen todas tus cartas
silenciosas e inermes mientras yo te recuerdo,
cariñoso y amante, pero mis labios muerdo
para no recordarte cuando de mi te apartas.

Te marchaste muy lejos a buscar tu destino
y escribiste mensajes que muy tarde llegaron,
cuando ya era de noche, -do tu amor confesaron-
mas no pude leerlos por designio divino.

Al pasar de los años en mis manos las tuve
y al sentirlas tan cerca yo en tus besos pensé,
porque a mi tu recuerdo me mantuvo con fe
de mirarte algún día, solo así me sostuve.

Abrí el ropero amigo donde guardo tus notas
y salieron palomas con rosas en el pico,
caricias y miradas junto al rojo abanico
y mi alma tan herida vuela entre las gaviotas.

En tus cartas dejaste mil mensajes de amor
y promesas del alma como estrellas y luna,
que en mi pecho se anidan y el corazón acuna
con cariño y ternura de bellísima flor.

Ya no estás a mi lado para tocar tu rostro
y me siento perdida sin la luz de tu faro,
pues no tengo tus besos que me daban amparo
y a un lado del ropero sin ilusión me postro.

ROMPISTE MI CORAZÓN

Buscabas que te endulzara
sin importar mi ilusión,
porque eres igual que todos
rompiste mi corazón.

Y yo que tan inocente
creí en tu palabrería,
hoy sufro terrible pena
a todas horas del día.

Una sonrisa me brindaste
que verdadera creí,
y la dulzura en tus ojos
quizás no era para mí.

No creas que me arrepiento
por entregarte mis labios,
aunque has lastimado mi alma
con tus terribles agravios.

De tus besos disfruté
como de un vino sagrado,
mas la copa está vacía
pues te has ido de mi lado.

Quisiera tenerte cerca
con mucho amor en tus ojos,
como aquella dulce tarde
tierno postrado de hinojos.

EN EL TRANVÍA

Mientras viajo en el tranvía
recuerdo tu dulce boca,
que besarla me provoca
a todas horas del día.

Voy escuchando el susurro
de tus palabras de amor,
y con tristeza discurro
que en mi alma crece el dolor.

La distancia me lastima
pues a tus ojos extraño,
y es que tu amor me aproxima
a quien era yo en antaño.

Me llegan dulces momentos
de bellas fotografías,
-erguidas cual monumentos-
de cuando amante reías.

Yo me sentía feliz
al acercarme a tu pecho,
como inocente aprendiz
del amor sobre tu lecho.

Continúa el recorrido
en esas vías del tren,
y el corazón afligido
palpita de amor también.

DÍA DE LOS ENAMORADOS

(El Catorce de Febrero)

El catorce de febrero
se celebra en muchas partes,
el amor y la amistad
con rosas y chocolates.

Recuerdo las serenatas
en el pueblo de mis padres,
que varios enamorados
compartían por la tarde.

Con guitarras y violines
los músicos incesantes,
a través de los balcones
cantaban desde la calle.

Algunas de las parejas
escogen también casarse,
pues es romántico el día
para celebrar su enlace.

Cuando alguno de los dos
se ausenta y se va de viaje,
siguen siempre conectados
mientras el amor no acabe.

Pero si uno de ellos muere
dejando al otro cual ave,
sin el amor de su vida
por dolor pierde el plumaje.

Contar con un buen amigo
es para todos importante,
y contar con un dulce amor;
tierno, ardiente y buen amante.

Día de los enamorados
aunque vivan en la calle,
pues si dos se quieren bien
no hay nada que los separe.

EL ORDEN

El orden del corazón
es siempre muy necesario,
como si fuera un jardín
o la sarta de un rosario.

Cuando hay amor en el alma
se eleva sobre los vientos,
y en los labios crecen rosas,
claveles, y pensamientos.

Alas nacen en la piel,
y de la mirada brotan
llamas de color granate,
que al corazón alborotan.

El orden se necesita
en las cosas del amor,
besos, caricias, y fuego
como pétalos en flor.

TUS PALABRAS

Que anhelabas probar mis labios
con dulzura me lo dijiste,
y estrecharme entre tus brazos
como antes nunca te atreviste.

Tus palabras me conmovieron
pues eran cual rayos de plata,
que entraron al corazón
causando tremenda fogata.

Y juraste que me amarías
con un amor muy dulce y tierno,
que inunda el fondo de tu alma
porque es un sentimiento eterno.

Hoy recuerdo tus dulces besos
y tus palabras de ternura,
mas quiero lograr olvidarte
aunque parezca una locura.

ME SUBISTE AL CIELO

Con tus dulces palabras conmoviste mi alma
y me subiste al cielo sobre una enredadera,
pero ayer te alejaste sin decirme porqué
y ha quedado al marcharte mi corazón herido.

Me hacen falta tus brazos y palabras de amor
para seguir viviendo tan feliz como ayer,
mas no logro encontrarte por el viejo camino
donde veo tus huellas esfumarse en el polvo.

Corrientes de agua manan en el fondo del pecho
y corren por el cauce tiñéndolo de rojo,
mientras tiembla mi cuerpo con un dolor profundo
que "me arranca la vida" sin compasión alguna.

Por las noches tan frías yo recuerdo tu boca
y los besos ardientes que amoroso me dabas,
desconsolada, lloro porque no estás aquí
cuando más falta me haces y por ti sufro yo.

Comprender yo no puedo que si tú me amas tanto
te fuiste de mi lado sin decir ni un adiós,
y hoy sigo recordando la dulzura en tus ojos
cuando de amor me hablaste con temblor en la voz.

¿Acaso era mentira? Quizás no eras sincero
al hablarme de amor... y yo como una ilusa,
-en tus redes caí sin ver tus intenciones-
porque al verme en tus ojos... un gran amor yo vi.

EL ÁRBOL

Pierde el árbol sus hojas con tristeza
pues lo dejan con frío y soledad,
mientras estas abonan con bondad
el camino con mágica belleza.

El árbol solo siente la dureza
de otoño que lo llena de ansiedad,
robándole del alma su beldad
y tiñendo de grises su cabeza.

Vuelve a salir el sol por la mañana,
la primavera trae nuevas hojas.
Eso al tronco lo anima y lo engalana.

Como caireles lucen flores rojas
en las ramas del árbol que dimana
un brillo que destierra las congojas.

BAJO LA LUNA

Quiero que digan mis versos
las palabras que, en el alma,
como caricias bordadas
acompañan a mis besos.

Al danzar bajo la luna
y cantar como sirena,
te cubro con mil estrellas
de amor y miradas puras.

Entre sábanas de lino
cabalgan dos corazones,
con dulce aroma de flores
y apasionado suspiro.

Hay un hermoso destello
en tus ojos tan amados,
que me alumbra como faro
y me hace subir al cielo.

UN AVE

Un ave volando
por lugares tristes,
es el alma mía
que te extraña tanto.

No hay consuelo
ni alguna esperanza,
que llene mi vida
al llegar el otoño.

De tu boca
yo anhelo sus besos,
y ardientes caricias
de tus manos dulces.

Tu mirada en silencio
me canta los salmos,
que brotan del alma
cuál miel tan perfecta.

Un fruto yo anhelo
que sacie esta sed,
pero no cualquiera
sino el de tu boca.

En el río Nilo
meternos tú y yo,
es mi gran anhelo
y a tu lado subir al cielo.

FLOR SILVESTRE

Ella es una flor silvestre,
con exquisito perfume
en el alma y la mirada,
que a los ángeles seduce.

Sus pétalos le han herido
y en total silencio sufre,
mientras camina descalza
al amparo de una nube.

Dios la acompaña y la guía
cuando el vendaval le ruge,
y le brinda la esperanza
como un farol que le alumbre.

Camina con pasos firmes
no queriendo que le asuste,
ni el dolor ni la tristeza
a los que nunca sucumbe.

LA FUENTE

Ya no vienes a beber de la fuente
cuando hay sed en tu pecho,
ni me cantas "el Cantar de los Cantares"
cuando anhelas el néctar de mi boca.

La distancia entre tu cuerpo y el mío
se agranda con melancolía,
y llueven tormentas de los ojos
que desbordan los ríos del alma.

Tus besos y abrazos me hacen falta
y las notas de tu canto amoroso,
bajo el amparo de rayos de plata
que dibujan caricias en el cielo.

Ya no escribes poemas en mi pecho
con tus dulces labios de hombre,
ya no riegas las rosas de mi huerto
y sus pétalos se van con el viento.

TRISTE DETALLE

Caminando por la calle
el domingo en la mañana,
recordé un triste detalle
que miré por tu ventana.

Allí dentro estabas tú
en los brazos de una dama,
que con su vestido azul
yacía junto a la cama.

Y recordé tu promesa
de aquel falso amor eterno,
pero mira que sorpresa
solo encontraste tu infierno.

Ya se secó la laguna
y se secó el arroyuelo,
por lo triste que la luna
a mares lloró desde el cielo.

UN NUDO

Dentro del pecho hay un nudo
que le oprime y le lastima,
por el carrusel de vida
que le ha tocado abordar.

Un dulce beso en la boca,
y una palabra de amor
entonada con ternura,
le harían florecer.

Ya no corre el agua clara
por aquel cauce del río,
que le brindara alegría
al salpicarle su rostro.

Lleva un vacío en el alma
como afilado aguijón,
que se le clava profundo
y no le deja soñar.

El abrazo que le queda
es el que le brinda el viento,
mientras ruge despiadado
desojándole hasta el alma.

Vuelan sus pétalos rojos
desnudando la corola,
y ella se sume en un pozo
de soledad y tormento.

SU POESÍA

Su poesía es canto enamorado
a la esencia de todo ser viviente,
y a la naturaleza tan ardiente
como el fuego que quema aquel vallado.

Les escribe a las damas solitarias
que se encuentra por playas primorosas,
y a las viudas regala bellas rosas
entre lindos poemas y plegarias.

Siempre tiene palabras de consuelo
pues es un buen amigo y gran poeta,
nunca pone el cerrojo de su puerta
y apoya a los poetas bajo el cielo.

Admirado por todos sus amigos
es humilde y sencillo caballero,
que no ve la importancia en el dinero
y pone a sus poemas de testigos.

Cual alfarero forma bellos versos
que moldea con barro y rojo vino,
para cambiar y dar feliz destino
a tristes sentimientos tan adversos.

Si hay tristeza en su pecho la hace al lado
para seguir el ritmo de su pluma,
cuando la inspiración le habla y le abruma
dictándole su canto apasionado.

EN LA CALLE

Se penetra hasta los huesos
con fiereza y con crueldad,
no respeta ni la edad
sean delgados o gruesos.

Ellos viven en la calle
sin fortuna y sin abrigo,
como si fuera un castigo
hasta que el alma les falle.

Aún no llega el invierno
y ya hace un terrible frío,
y con angustia yo ansío
que el frío no sea eterno.

Pienso en la gente sin casa
sin una cama y cobija,
y ninguno que se aflija
cuando por su lado pasa.

Esta vida es muy injusta
y eso me pone muy triste,
pues ningún poder me asiste
para ayudar y me asusta.

Me dijeron que hay albergues
donde se pasan las noches,
y se olvidan de reproches
aunque tu ayuda postergues.

VIEJO POZO

Al viejo pozo me acerco
y al ver el agua tranquila,
manan recuerdos de antaño
como mariposas prístinas.
La casona hecha de adobe
y de madera sus vigas,
el callejón empedrado
donde jugaba de niña.
Los pinos en la ladera
y en el cielo golondrinas,
como bellas perlas negras
al empezar la llovizna.
El molino de la casa
al entrar a la cocina,
donde se muele el maíz
dando vueltas sin medida.
El metate hecho de piedra
la chimenea encendida,
con leños secos y brasas
al llegar el nuevo día.
En el patio con orgullo
el horno causa sonrisas,
con olor de rico pan
mezclado con mantequilla.
El canto de la paloma
mientras sus ojos me miran,
y el aroma de las rosas
que al corazón maravillan.

MÁSCARA TRISTE

Una máscara le cubre
triste verdad que lastima,
y no admite las caricias
de la mirada en mis ojos.

Es imposible creerle
su cántico enamorado,
cuando no tengo sus besos
ni el fuego que arde en su piel.

Me jura un amor celeste
de lo más sacro y divino,
como una estrella del cielo
con rayos color granate.

Quizás son promesas falsas
las notas tan melodiosas,
que entona su alma escondida
tras una máscara triste.

NATURA

Corre el agua por el río
acariciando la cuesta,
y cuando llega hasta el mar
entre sus aguas se mezcla.

Naturaleza bendita
que nos brinda cosas buenas,
como el águila en el risco
y en el cielo las estrellas.

El rocío en la mañana
cuál caricia en las violetas,
el cantar de un grillo inquieto
allá en lo alto de las peñas.

Un canario desde el nido
-trina notas que embelesan-
y en el pico de su amada
-amorosos besos deja-.

Los pinos con su perfume
embriagan toda la sierra,
y el eucalipto tan alto
abanica la ladera.

Un venado baja al pozo
donde crece yerbabuena,
y bebe del agua clara
mas su alma sigue sedienta.

En el lago van dos cisnes
con la mirada serena,
la cabeza muy erguida
como si fueran dos perlas.

El hombre va por la vida
disfrutando la pureza,
que hay en este bello mundo
y al mirarla se consuela.

ENCAJES DEL ALMA

El agua del arroyuelo
es como aquellas caricias,
tan dulces y lo más tiernas
que un día me dieras tú.

Aún recuerdo tus besos
cual mariposas traviesas,
danzando sobre mi piel
y en mi florido jardín.

Es bella la sensación
mientras el agua recorre,
la curva de mi cintura
y se desliza al Edén.

Cierro los ojos y miro
el fuego de tu mirada,
que lanza rojas estrellas
al fondo del corazón.

Siento el calor de tus brazos
como una planta silvestre,
impregnada de rocío
y las llamas de un volcán.

Como los rayos de luna
son los besos de tu boca,
en los encajes del alma
y en los brocados de amor.

TRISTE LONTANANZA

Gota a gota se ha salido
el sentimiento de amor,
de este corazón marchito
que un día te idolatró.

Cual maldición fue quererte
porque has destruido mi fe,
ya no creo en el sentir
al que le cantaba yo.

El jilguero enmudeció
en la rama del naranjo,
ya no quiere ni volar
porque se olvidó del canto.

Las mariposas que antaño
se posaban en mi pelo,
-con las caricias de tu alma-
hoy se han dejado morir.

Ya el corazón no palpita
con melodiosa tonada,
y no derrama el volcán
su lava al verme en tus ojos.

La dulzura de tu boca
se ha marchado con el viento,
hasta triste lontananza
sin las huellas de mi piel.

ROSTRO MARCHITO

(Canción ranchera)

Con el rostro ya marchito
va la vieja por la calle,
recordando aquel maldito
que abrazada por el talle
y en arranque de lujuria
la llevó a la perdición.

Ella que lo quiso tanto
no lo puede perdonar,
que aprovechando su encanto
su amor le quiso robar,
mientras que ella le pedía
que tuviera compasión.

Hoy después de tantos años
lo recuerda y sufre más,
por la tristeza y los daños
que no ha olvidado jamás,
y aunque perdonar quisiera
no la deja el corazón.

FLOR DE ROMERO

No queda ni un solo rastro
de aquella bella sonrisa,
que acariciaba la brisa
y brillaba como un astro.
Solo quedó el alabastro
con las bellas flores secas,
junto aquellas viejas ruecas
que guardaba cual tesoro
y valen más que aquel oro
o decoraciones grecas.

El negro de su mirada
cual hermosa golondrina,
que con tristeza le trina
está en el pecho bordada.
Su sonrisa fue admirada
como el canto del jilguero,
y ha quedado cual reguero
entre pétalos de rosas,
cubiertos de mariposas
cual triste flor de romero.

MEMORABLE ENERO

Cubierto con bellas flores
está el viejo árbol de almendro,
donde besaste mi boca
y te abrigaste en mi pecho.

El sol con su timidez
baña mi rostro de nuevo,
como aquella bella tarde
de tan memorable enero.

Eran los últimos días
de ese mes según recuerdo,
tan romántico y tan frío
mientras me dabas mil besos.

La blanca escarcha embellece
el campo que está cubierto,
imitando hermosa sábana
de seda y bordados grecos.

La sensación de dulzura
no la ha borrado ni el tiempo,
porque en mi boca dejaste
tu amor y tu ardiente fuego.

Cierro los ojos y miro
la pasión que llevas dentro,
y me abrigas con el alma
mientras llegamos al cielo.

RAYOS DE LUNA

Hoy me cubriste de besos
derribando la distancia,
y en mi camino dejaste
hermosos rayos de luna.

Enero llegó amoroso
entre cánticos y escarcha,
mientras tú enciendes el fuego
y me cantas al oído.

Entre tus dedos me llevas
como pétalos de rosa,
y plasmas en este pecho
nuevo "Cantar de cantares".

Bello cabalgar del alma
y vuelo de ruiseñores,
cuando tiritan los labios
con apasionado ardor.

Se entregan los corazones
al palpitar de la sangre,
cual melodía amorosa
que tañe el agua del río.

Hoy te he tenido muy cerca
y me estrechaste en tus brazos,
nos amamos cual las olas
en la inmensidad del mar.

PASIÓN

Escribe el poeta versos
con la pasión de su pluma,
y deja bellos recuerdos
grabados en blancas lunas.

Con la sangre de sus venas
forma lírica del alma,
mientras que llueven tormentas
desde una triste fontana.

Borda letras en el cielo
y decora con estrellas,
el camino tan desierto
de virginales estelas.

La pasión es su estandarte
al escribir sus poemas,
y deja cual buen amante
sus huellas en cada letra.

AL FINAL

Al final de nuestro camino
se vislumbra la soledad,
y cada uno con su destino
entre polvos de eternidad.

Cubiertos por la misma tierra
sin importar las diferencias,
y porque cada uno se aferra
pues solo valen sus creencias.

El corazón de los humanos
es totalmente diferente,
y se lastiman entre hermanos
con una actitud inclemente.

Nada fuera la blanca luna
sin la noche al partir el sol,
y la vida tan solo es una;
tan perenne cual tornasol.

HOY

Hoy he venido pa' cantarte
con el corazón muy ufano,
y a decirte que quiero amarte
entre bellas flores del llano.

La luna como fiel testigo
de nuestros besos y caricias,
y su luz cual único abrigo
mientras con tus labios me envicias.

El sonido del arroyuelo
y las flores de yerbabuena,
con las estrellas del cielo
me inspiran de amor cosa buena.

El fuego que hay en tu mirada
borra la escarcha de mi piel,
en tus brazos me siento amada
pues me das tu amor a granel.

ESCUCHA EL RUEGO

Impregna el corazón con tus caricias
y regálame las delicias
del alma tuya.
Quiero subir al cielo entre tus brazos,
atar tu boca con mis lazos
y el amor fluya.

Entrégame los besos de tu boca,
que al ver tus labios me provoca
brindarte el fuego
que surge de mi cuerpo tan amante,
apasionado cual diamante.
¡Escucha el ruego!

DESCALZA

Descalza camina en tu pecho
cual mariposa el alma mía,
y tu amor la cubre de besos
mientras toca una sinfonía.

En el altar de los amores
cabalgamos entrelazados,
do titilan ardientes soles
que dan calor a nuestros llanos.

Hay un cántaro con violetas
de delicioso y dulce aroma,
que en agua bendita navegan
y nuestras almas enamoran.

Las aves de aquella cañada
vuelan entonando su canto,
cuando en flores y sedas blancas
me brindas un amor tan franco.

Entre tus brazos me susurras
versos de tórridos edenes,
y en mi pecho escribe tu pluma
lo que recitan nuestras pieles.

DESPEDIDA

Hoy será la despedida
y el corazón se detiene,
porque no quiero perderte
ni esa tu dulce sonrisa.

Llueve terrible tormenta
en el fondo de mi pecho,
y mi alma se siente presa
por lo mucho que te quiero.

No comprendo que te vayas
dejando mi alma tan triste,
y mi pecho se desangra
gota a gota sin rendirse.

De no haberte conocido
hoy no estaría llorando,
pero te amo y te lo digo
acariciando tus manos.

Corre el agua por el río
que con lágrimas se mezcla,
mis ojos quedan vacíos
y yo me muero de pena.

No te marches si me quieres
porque si el amor es cierto,
hay que disfrutar las mieles
y el calor de nuestros besos.

MARIONETA

La inspiración hoy me cubre
con un dejo de tristeza,
y me lleva con destreza
al recuerdo de un octubre.

Los cafés y amarillentos
de las hojas en el piso,
que sin ningún previo aviso
vuelan como pensamientos.

El otoño baña el monte
con bellos tonos dorados,
y seres ilusionados
se abrazan al horizonte.

Voy plasmando lo que quiere
esta pluma tan inquieta,
que vuela cual marioneta
para que la luz impere.

LA MAREA

Va la bella joven
por entre las piedras,
con el alma rota
cual salvaje fiera.
Le ha dicho aquel hombre
que bajo esa tierra,
descansan los restos
de su alma gemela.
No miran sus ojos
lo que antaño vieran,
y como una sombra
llega hasta la huerta.
Sus manos levanta
y enciende una vela,
que alumbre su paso
hasta las estrellas.
No quiere creerlo
pues su amor la deja,
sin una sonrisa
muriendo de pena.
No comprende aquello
que tanto le pesa,
porqué entre las nubes
está gente buena.
Su ausencia la hiere
como mala yerba,
y entra muy profundo
sin abrir la puerta.
Ya no llora más
porque la marea,
de sus ojos tristes
se ha quedado seca.

YA NO LE CANTA

Él la busca muy galante
con caricias en los dedos,
gran fulgor en la mirada
y mucho amor en el pecho.
Le susurra melodías
soñando estar en su cielo,
entre pétalos de flores
y acariciando su cuerpo.
Le escribe lindos poemas
que le declama primero,
la columpia entre sus brazos
con el corazón despierto.
Ella se pone nerviosa
y aunque le gustan los versos,
a todo dice que no
y se pierde entre los cedros.
Él insistente la busca
y le dice que es su sueño,
conquistar su corazón
y cumplirle sus deseos.
Ella se marcha de prisa
sin regresar por un tiempo,
y cuando vuelve, cambiado
se lo encuentra y siente miedo.
En su mente imaginó
que su amor sería eterno,
que nunca la olvidaría
y hoy la cubre el desconcierto.
Ya no la mira como antes
ni le acaricia su pelo,
ya no le canta al oído
ni se acurruca en su seno.

UN DÍA GRIS

Un día gris de febrero
recuerdo muy bien tus ojos,
cuando dijiste quererme
con tu corazón de mozo.

El sol detrás de las nubes
guiñóme un ojo tan mono,
como diciéndome –niña,
¡Cuida tu amor como el oro!

Al llegar la noche oscura
miré un lucero tan solo,
allá en el cielo lejano
el cual tenía tu rostro.

Dentro del pecho te llevo
con un sentir muy hermoso,
que me llena de alegría
mientras al cielo me asomo.

EL ALMA MÍA

Ya se aleja cantando el alma mía
como del mar las olas
y aquellas caracolas,
cuando entonan su bella melodía.
Vuela cual mariposa
que muy dulce se posa
en flores amarillas con porfía,
pues quiere enamorarte
y hoy a ti confesarte:
que tus besos le brindan alegría.

TRISTE RITUAL

Que el lugar de la mujer
no es otro que la cocina,
dice un hombre que domina
y no sabe agradecer.
Ella siente fenecer
por el abuso verbal,
y en un acto diluvial
llora y llora con dolor,
mientras se esfuma el amor
ante tan triste ritual.

NADA

Nada perciben sus ojos
en la oscuridad inmensa,
que oculta al cielo sus rojos
con una tristeza intensa.

Hay un vacío en su pecho
donde no suenan campanas,
y se ha quedado el barbecho
sin sus sonrisas arcanas.

Ya no corre como antaño
entre bellos mirasoles,
y el recordar le hace daño
tan hermosos arreboles.

Aún es joven su rostro
y no hay canas en su pelo,
pero no existe el calostro
que le daría consuelo.

No hay nada que la motive
para seguir con su vida,
y en la penumbra que vive
ha extraviado hasta la brida.

Ya ni en amar ella sueña
mientras su amado acaricia,
con su mirada risueña
llena de amor y pericia.

ANTOJO PROHIBIDO

Caminando por la calle
recuerdo tu boca dulce,
y tu mirada que luce
cual refulgente diamante.

Tengo antojo prohibido
de navegar en tu pecho,
mientras nos arrulla un grillo
bajo el amparo del cielo.

Tus manos dos golondrinas
que pasean por mis prados,
dejando frescas lloviznas
y apasionados abrazos.

Tu cuerpo pegado al mío
y el corazón uno solo,
llamas de fuego en el río
pues más y más yo te adoro.

ESTA NOCHE

Bajo el blanquecino amparo
de los rayos de la luna,
llega con flores mi amado
y me llena de ternura.

Esta noche ya no es triste
porque a mi lado llegó,
y hace que mis ojos brillen
con sus palabras de amor.

Me canta una serenata
con voz tierna y melodiosa,
y me siento tan amada
que no me cambio por otra.

Mientras me acerca a su pecho
mira mis ojos, amante,
y me declama unos versos
que del corazón le nacen.

NO HAY NADA

No hay nada de cierto en sus palabras
pues ya hemos visto lo bien que escribe,
y ese poeta que tanto insiste
ahora mismo se inspira en nada.

Ya lo veo escribiendo sus versos
aunque su mente se encuentre en blanco,
porque anhela el cuaderno y su pluma
darle a su corazón gran concierto.

Veremos que regresa mañana
con alegría en sus sabios ojos,
y colección de bellas palabras
donde el vacío no es doloroso.

Canta el coro de lo más feliz
al escuchar su lindo poema,
donde nos brinda rojo tapiz
de hermosos versos el gran poeta.

EL OLOR DEL ROMERO

El olor del romero junto a la yerbabuena
lleva recuerdos tuyos y de la madrugada,
cuando entre sus aromas me dijiste poemas
con dulzura en los labios y pasión en el alma.

Tu corazón y el mío se cantaron los salmos
con las notas ardientes de guitarras amantes,
se hablaron en silencio del silencio en los campos
donde cantan las flores y dibujan las aves.

Las hojas con el viento se han ido dispersando
como las blancas nubes y las olas del mar,
suspira el alma mía con un sentir alado
cual negra golondrina de triste navegar.

Aquí sigo esperando que llegues junto a mí
con los brazos abiertos y besos en los ojos,
no te quiero de hinojos ni quiero flor de lis
yo quiero que me lleves al cielo "poco a poco".

EL ALMA

Solitaria el alma mía
viaja en carrusel alado,
cual tañido de campana
y pétalo por el viento.

Las cadenas intangibles
arrastran los cascabeles,
entre bellos caracoles
y por el cielo las nubes.

Como ojos en las alturas
titilan lindas estrellas,
en la oscuridad divina
y en lo profundo del mar.

Navega mi corazón
en el inmenso universo,
y vuela como las olas
impregnada de esperanza.

INSPIRACIÓN

Con las negras golondrinas
se fue volando la musa,
y mi pluma tan solita
como aquella blanca luna.

Siempre termina por irse
aunque después regresa,
la inspiración tan sublime
que da luz a los poetas.

Yo disfruto la escritura,
mas si no hay inspiración
y hay poca tinta en la pluma,
triste llora el corazón.

Luna que estás en el cielo
dile a esa paloma blanca,
que se regrese al tintero
con versos bajo sus alas.

LUZ FURTIVA

La luna está en el cielo coqueta y tan brillante
como si la cubriera reflejo de diamante,
parece una paloma con alma blanca y pura
que alegra las miradas de tono irreverente,
con belleza celeste sensual y tan candente
cual princesa amorosa que besa con ternura.

Tus ojos le persiguen como el sol a la noche
y la miran de día como un preciado broche,
que alegran esa vida tan solitaria y triste
pues quedaron prendidos en el fondo del alma,
como una luz furtiva que le brinda su calma
mientras recuerda sola cuando de ella te fuiste.

TERNURA EN SU MIRADA

Con la luna en el regazo
y en los labios las estrellas,
lleva la vida en un lazo
brindando sonrisas bellas.

Enjuga tierna los ojos
del que sufre y el que llora,
y se postra de hinojos
como toda una señora.

Hay ternura en su mirada
cuando ve sufrir a un niño,
y se convierte en un hada
cuando brinda su cariño.

Es digna de admiración
porque siempre está dispuesta,
a prestarle su atención
a los miembros de la orquesta.

LIMOSNA

Si quieres darme tu amor
no me des una migaja,
que mi alma es como una flor
y una limosna no encaja.

Tu compasión no la quiero
porque me ofende y lastima,
yo tu ternura requiero
cuando vamos a la cima.

Si quieres estar conmigo
dame tu amor y tus besos,
mientras con fervor te digo
mis sentimientos confesos.

Yo no soy tu limosnera
aunque me encanta quererte,
y salvo cualquier barrera
porque no quiero perderte.

Escucho un canto amoroso
en el jardín de mi casa,
con un tañido ardoroso
que a los sentidos abrasa.

Recuerda la sinfonía
que de este instrumento brota,
como dulce melodía
y el canto de una gaviota.

HOY QUISIERA

Hoy quisiera en el verde mirarme
que reflejan las olas del mar
mientras él jura por siempre amarme.

Yo no quiero dejar de mirar
lo que ha escrito con letras de oro
y sus labios cual dulce manjar.

Cantan celestes voces en coro
al tañido de triste guitarra
y que entonen boleros imploro.

A lo lejos se oye una cigarra
compañera de la negra noche
como un hada muy bella y bizarra.

Del amor hoy haremos derroche
porque el sentir sublime desgarra
y nuestras almas se unen cual broche.

BELLA ROSA

No le mira con los ojos
si no con el alma triste,
y la vista no le asiste
cuando pisa los abrojos.

Le han quedado las memorias
grabadas dentro del alma,
y ruega con mucha calma
que no sean ilusorias.

"Han pasado muchas lunas"
desde aquella vez primera,
durante una primavera
entre vino y aceitunas.

Hoy muy débil y sin brillo
siente que pierde la vida,
pero a su amor nunca olvida
en la sala de un castillo.

Melancólica sonrisa
brota de sus labios pálidos,
que este día, tan impávidos
se han quedado en la cornisa.

Al otro lado del puente
una mano temblorosa,
le ofrece una bella rosa
mientras él queda inconsciente.

LA TAZA DE CAFÉ

Ella le mira sonriente
y le agradece infinito,
por la taza de café
que le lleva hasta la cama.

Ha sido su compañero
en las buenas y en las malas,
y aunque no lo dice mucho
él vive en su corazón.

No le gusta verle triste
con el rostro cabizbajo,
pues, aunque ha pasado el tiempo
quiere que él sea feliz.

Ella le toma la mano
mientras la mira a los ojos,
y le sonríe callada...
Las palabras no hacen falta.

NO BASTA

No basta una limosna
para combatir la miseria,
que a tantos seres afecta
en nuestro mundo.

Van los niños descalzos
pisando piedras y abrojos,
hambre en la mirada
y sediento el corazón.

Hay almas compasivas
que quisieran erradicar,
de los niños la pobreza
pero no es fácil la tarea.

Parece injusta la vida
pues unos tienen riqueza,
y a otros les falta de todo
hasta un poco de amor.

MENDRUGO

Aunque vive en la indigencia
sin mendrugo que comer,
no quiere desfallecer
a pesar de la carencia.

Cuando se mira en los ojos
de personas despiadadas,
que se sienten desdichadas
no comprende sus enojos.

La miseria no es motivo
para sentarse a llorar,
pues nada se ha ganar
sin un espíritu activo.

Ya casi son los cien años
que su cuerpo lleva a cuestas,
y siempre tiene respuestas
guardadas entre sus paños.

Va por el mundo sonriente
sembrando sus bellas flores,
cual trinar de ruiseñores
sin hundirse en la corriente.

No hay miseria que derrumbe
un alma tan positiva,
tan fuerte cual siempreviva
que al dolor nunca sucumbe.

MISERIA

La miseria que más hiere
es la miseria del alma
porque el hambre se mitiga
con agua y algún mendrugo,
mas lo que se lleva dentro
hiere en silencio y carcome.

Cuando el espíritu es débil
ni la luz del sol calienta,
se tropieza con el aire
al navegar a las nubes,
y al volar hacia las olas
con el corazón descalzo.

Riquezas de nada sirven
cuando hay miseria profunda,
y ese vacío tan grande
no se llena con el oro,
pues hace falta el abrigo
del sentimiento de amor.

TU REGRESO

Aquí espero tu regreso
entre pétalos de rosa,
y cual dulce mariposa
en el alma llevo un beso.

Yo quisiera estar contigo
para darte mis amores...
¡Por favor no te demores!
que el no verte es un castigo.

Cada día tu regreso
espero con una rosa,
tan bella cual mariposa
y en el corazón un beso.

La soledad hoy me hiere
con sus punzantes esquirlas,
y aunque quisiera evadirlas
mí felicidad se muere.

Si lograra tu regreso
te entregaría una rosa,
con fervor de mariposa
y entre las alas un beso.

YA NO VIENES

Ya no vienes a mi vera
caminando por el río,
y siento que no eres mío
aunque mi alma lo quisiera.

Me carcome un gran dolor
por no tener tus caricias,
ni de tu piel las delicias
pues me niegas tu calor.

Te necesito a mi vera
y a las orillas del río,
porque sé que tú eres mío
como siempre lo intuyera.

Tengo en mi alma una tormenta
pues me hace falta besarte,
porque solo al adorarte
haces que feliz me sienta.

No te alejes de mi vera
y naveguemos al río,
donde un día fuiste mío.
Que nos amemos quisiera.

MI PRIMER BESO

En el brocado del pozo
me diste mi primer beso
y yo tan feliz por eso,
sonreí con alborozo
arreglando mi rebozo.
El aroma de manzanas
me seduce en las mañanas,
mas el sabor de tu boca
es el que a mí me provoca,
mil sensaciones paganas.

En las ramas del romero
lucen bellas florecillas,
-cual pequeñas campanillas-
mientras canta aquel jilguero
que sabe cuánto te quiero.
A las orillas del río
dices que solo eres mío,
me brindas tu corazón
en una dulce canción,
y candente desafío.

LA COSECHA

Es el tiempo de cosecha
y darse cuenta es muy triste,
que la esperanza está puesta
en lo que la gente dice.

La semilla no ha nacido
porque no llegó la lluvia,
a regar el sembradío
e impregnó el alma de furia.

Hoy no hay flores en el campo
ni hay elotes en la milpa,
porque el temporal fue malo
y no brotaron espigas.

No se logró el fruto este año
y el arado está de luto,
porque a pesar del trabajo
el desconsuelo es seguro.

Cosecha más importante
es aquella que, en la vida,
nos brindan las amistades
que a nuestro lado caminan.

Semilla llena de amor
sembramos en el camino,
que nos regala una flor
mientras arranca un suspiro.

TUS LABIOS

En aquella virgen playa
me entregaste el corazón,
y yo tan enamorada
como si fuera una flor,
dejé que me deshojaras
bajo los rayos del sol.

En tus brazos me estrechaste
hasta llegar a la cima,
mientras bullía la sangre
como una fiera cautiva.
Me mostraste fiel amante
del amor sus mil delicias.

En esta noche de estrellas
ha regresado el recuerdo
de tu piel con su candela,
tus dulces y ardientes besos
con el sabor de la arena,
y tus labios en mis senos.

MOLINOS DE VIENTO

Mi corazón se atormenta
y cual valiente Quijote,
a los molinos de viento
les pega con un garrote.

El amor siempre lastima
y en momentos de molienda,
el alma se nos desangra
sin que respete la rienda.

Se ha levantado el espíritu
y pelea cual ninguno,
con gigantes de tristeza
y vence muy oportuno.

LA LLAVE

Al mar ha sido lanzada
la llave que guarda mi pecho,
búscala y abre la puerta
que quiero amar otra vez.

Anhelo sentir el fuego
que de tu cuerpo brota,
con tintineo de cascabeles
y un melodioso cantar.

El roce de tus ardientes manos
sobre la curva de mi cintura,
haciendo del amor un arte
cuando me llevas a la cima.

Busca esa llave perdida
y despierta "la bella durmiente",
con los besos de tu boca
en cada pétalo de mi alma.

Enciende la chimenea
con la ternura en tu mirada,
y los ríos de agua candente
que manan desde tu cielo.

Cuando abras por fin la puerta
verás el altar tan grande,
que para ti yo he formado
con mil retazos de amor.

ME DECLAMAS

En el silencio de tu alcoba
me declamas ardientes poemas,
mientras mi cuerpo acaricias
con tus labios y mirada.

De aquella rosa los pétalos
en tu boca sucumben,
y dulcemente perfuman
el corazón con estrellas.

Apasionada tañe una guitarra
y cada nota conmueve,
-nuestro pecho enamorado-
al enlazarse los labios.

De mi alma sacas canciones
con el roce de tus dedos,
que tan inquietos conquistan
cada rincón de esta tierra.

En tus brazos me llevas
al paraíso entre llamas,
mientras tu cuerpo y el mío
se hablan a través de la piel.

La luna nos guiña un ojo
y se pone celosa cual ninguna,
al ver los besos que nos damos
cabalgando entre llamas de fuego.

LÍRICA MIRADA

No hacen falta los ojos
para lograr los sueños,
que desde el pecho brotan
con sus doradas alas.

El corazón expresa
su sentir más profundo,
con sus versos poéticos
y lírica mirada.

No importa si está a oscuras
o el sol brilla de frente,
cuando los poros gimen
su gran dolor en llamas.

A veces me pregunto
preguntas sin respuesta,
y entonces por mis ojos
se cuela el mar cual hada.

Cuando llega la noche
y me voy a dormir,
los sueños se revelan
mientras danzan y cantan.

El jilguero nos brinda
su canto más sincero,
cuando cierra los ojos
y deja que hable el alma.

EN LÍNEAS DE ORO

Y va alegre la mariposa
danzando por los mirasoles,
con sus caricias y arreboles
de poetisa fantasiosa.

Sus versos llenos de ilusión
con olor a menta y romero,
e igual que el canto del jilguero
como perlas de una oración.

Lleva en el rostro una sonrisa
dibujada en líneas de oro,
mientras canturrea con el coro
poemas de amor y de brisa.

Su corazón quiere escalar
las montañas y acantilados,
donde van los enamorados
con el gran deseo de amar.

Sostenida por una cuerda
de gran pasión y sentimiento,
sin pensarlo hace un juramento
y eternamente lo recuerda.

Con el cuerpo y alma le quiere
y le lleva en lo más profundo,
con amor de lo más fecundo.
porque ella sin su amor se muere.

PLANTA DIVINA

(Canción)

De nada sirve el amor
que en mi corazón germina,
como una planta divina
que te ofrece bella flor.

Si no te tengo en mi lecho
no puedo yo acariciarte,
ni amorosa he de besarte
acurrucada en tu pecho.

No quiero martirizarme
pensando más en tu boca,
que besarla me provoca
y no deja de inquietarme.

Te llevo en el corazón
sin importar la distancia,
y lo digo con prestancia
mientras canto una canción.

Este sentir es sublime
y solo a ti pertenece,
aunque la tarde fenece
cuando el amor nos redime.

Anhelo estar entre llamas
y el verbo amor conjugar,
mientras me pierdo en el mar
de los besos que reclamas.

JADEO IMPÍO

Al trance de un jadeo impío
con los labios roza sus senos,
y reclama con desafío
esos momentos tan ajenos.

El corazón le pertenece
y los sentimientos del pecho,
mas el cuerpo desaparece
cuando se marcha de su lecho.

Siente que muere de tristeza
al pensarla en aquellos brazos,
y es que no cabe en su cabeza
que los separen tales lazos.

Quisiera que libre ella fuera
como una bella golondrina,
y que a su lado nunca muera
el fuego que a ambos les domina.

Su geografía la tiene
bien grabada en la memoria,
porque nada le detiene
para llegar a la gloria.

En las madrugadas frías
quisiera tener su abrigo,
pero sabe que sus días
los tiene su viejo amigo.

HOY ANHELO

Hoy anhelo besar tu dulce boca
y el tinto degustar tan exquisito,
que de tus labios mana y me provoca.

La mirada deslizo como en rito
hilvanando caricias en tu cielo,
mientras trina feliz un pajarito.

Dentro del corazón hallé el consuelo
de bella golondrina en libertad,
y las nuevas violetas en mi suelo
que derraman su aroma con bondad.

AYER TÚ ME DIJISTE

(Canción Ranchera)

Ayer tú me dijiste que me amabas
que en tu vida sería luz primera,
pero con tus acciones lo negabas
y del amor hiciste una quimera.

Maldije aquel momento que soñaba
estar siempre a tu lado en primavera,
porque a pesar que yo te idolatraba
lograste que mi amor se consumiera.

Los besos que tu boca me ofrecía
y en aquellos momentos yo quisiera,
no me conmueven ya con su ambrosía
cuando llorando ruegas que te quiera.

Pasaron ya los tiempos que moría
por estar en tus brazos amorosos,
y yo nunca creí que lo diría
pues fueron esos tiempos muy hermosos.

Por fin llegó el olvido que pedí
con este corazón herido y triste,
y ya que terminó el amor que di
me aseguras que siempre me quisiste.

Hoy te brindo mi adiós engalanado
con flores y palabras sin rencores,
porque puedo por fin dejar de lado
el sentimiento aquel de mis albores.

NO HALLABA SALIDA

Ese ser la maltrataba
cada día de su vida,
con palabras de desprecio
y ella no hallaba salida.

Sus dos alas, le cortó
para que no alzara el vuelo,
pero ella no pudo más
y quiso encontrar consuelo.

Se sentía tan pequeña
tan indefensa e inútil,
y creyó que moriría
como mariposa fútil.

Un rayo de luz brillante
pasó cerca de su cara,
con una belleza tal
y anheló que le abrigara.

Trató de volar entonces
para alcanzar esa luz,
con el corazón temblando
y en la boca un sabor duz.

La luz se enredó en su pelo
y le borró la tristeza,
le declamó versos dulces
y le exaltó su belleza.

FILIGRANAS DEL ALMA

En cada resquicio del pecho
quedan profundas emociones,
tiernas filigranas del alma
de aterciopelados colores.

Late el corazón impaciente
como sediento colibrí,
cuando siente la cercanía
de los pétalos de alhelí.

Mariposa de blancas alas
que irradias belleza y ternura,
llévale un mensaje a mi amor
envuelto con rayos de luna.

Las agujas en fina seda
van plasmando con mucho tino,
las memorables filigranas
con caricias de bellos hilos.

El espíritu somnoliento
se desplaza en aquellas olas,
que bajo el cielo y sobre el mar
dan protección a las gaviotas.

Tus labios dulces y ondulantes
se deslizan como dos cisnes,
en las arenas de mi cuerpo
cual apasionados delfines.

CARICIAS Y SUSPIROS

Hoy tirita mi corazón
cual paloma lejos del nido,
donde disfrutó del amor
entre caricias y suspiros.
Mi piel cubriste con estrellas
y con rayos blancos de luna,
mientras llovía sinfín de perlas
desde las mágicas alturas.
Ya no me recuesto en tu pecho
para perderme en tu mirada,
porque de mi tú estás muy lejos
y sin abrigo está mi cama.
Cuando miro el azul celeste
me parece ver tu sonrisa,
escribiendo entre los vergeles
de amores y melancolías.
Cautiva me siento en la noche
sin tener tus dulces besos,
y el corazón gime un reproche
ante los luceros traviesos.
Este silencio tan ruidoso
arranca gotas color grana,
desde el pecho tan amoroso
donde el amor por ti dimana.
Hoy tirita mi corazón
cual paloma lejos del nido,
donde disfrutó del amor
entre caricias y suspiros.

TIENEN 60 y 40

(Nena)

Tienen sesenta y cuarenta
y están muy enamorados,
con besos sabor de menta
se besan ilusionados.

Su amistad fue lo primero
que nació en los corazones,
y la alegría con esmero
la sacan del alhajero.

Ella se siente insegura
por la edad tan diferente,
y él con sonrisa muy pura
le da besos en la frente.

Le habla con mucha dulzura
con amor y con pasión,
con gentileza y ternura
que brota del corazón.

No importa la diferencia
de la edad que los dos tienen,
lo que importa es la querencia
y lo bien que ambos se avienen.

Hay que disfrutar la vida
que con amor es más bella,
y no con el alma herida
cuando se aleja una estrella.

AMANTE FIEL

Como un capullo de rosa
se abre lentamente el pecho,
y si volteo hacia el techo
yo miro la luna fermosa
con esos aires de diosa.
Tus labios me dan su miel
mientras recorren mi piel
con sutil delicadeza,
para lograr tu proeza
como gran amante fiel.

EL CANTO DEL ZORZAL

Melancólico el zorzal
deja salir un suspiro,
por penas del corazón
que lo tienen tan herido.

Ha detenido su vuelo
a la sombra de un manzano,
pues las alas no responden
y volar le está negado.

Hay soledad en el alma
y en los labios muere el beso,
cuando el ocaso se acerca
y congela el alma el hielo.

Quisiera dormir de día
hasta que llegue la noche,
y no acordarse de aquel
a quien diera sus amores.

Esta vida está de más
si no se pierde en sus ojos,
mientras en su cuerpo escribe
poemas en "letras de oro".

Triste canto del zorzal
se confunde con su llanto,
por penas del corazón
que van a los dos matando.

MAR DE ESPERANZA

El mundo que la rodea
es pequeño cual diamante,
y ansiosa lo cataloga
como su gran universo.

No parece darse cuenta
que este planeta está triste,
pues ella lo ve feliz
entre sus largas pestañas.

Los ojos son diferentes
como son los corazones,
unos ven el sol naranja
y otros lo ven muy oscuro.

Hay miradas cual castillos
donde vive el ser amado,
y hay bocas con dulces besos
bajo candados y adobes.

El mundo que ella habita
no se mira con los ojos,
porque es un lugar de ensueño
en lo profundo del alma.

El mundo que ella conoce
huele a pétalos de rosa,
sabe a frutillas silvestres
y arde en un "mar de esperanza".

PÉTALOS DE ROSA

Le brindan un mundo cruel
de dolor y desengaño,
do niños mueren por hambre,
y vejada es la mujer.

Desean cambiar su mundo
lleno de flores y besos,
que en lo profundo del alma
huele a pétalos de rosa.

Al rostro le lanzan piedras
llenas de vidrios y esquirlas,
para que olvide sus sueños
y así pueda probar la hiel.

Su corazón se desangra
al ver los seres humanos,
llenos de odio y de rencor
y amargura en vez de besos.

Ya no hay amor en el alma
y de rosas el perfume,
huele a guerras y dolor
que acaban con las sonrisas.

Ya en su mundo ella no está...
Entre abrojos va descalza,
su corazón cae en pedazos,
y en su pluma ya no hay versos.

DIJISTE

Con la mirada encendida
dijiste dulces palabras,
e hiciste que me sintiera
como en un cuento de hadas.
El príncipe te creí
pero no eras ni lacayo,
amor me juraste ayer
y hoy me mata el desengaño.
Quiero borrar de mi ser
el amor que me apasiona,
y secar el mar y el rio
que de mis ojos hoy brotan.
Dar jaque mate al amor
para olvidarme de ti,
galopar en mi corcel
y así dejar de sufrir.
Duele mucho el corazón
cuando de verdad se ama,
y al marcharse el ser amado
ambos pierden la batalla.
Dijiste que me adorabas
mientras rozabas mis lunas,
y tu mirada decía
de mil fuegos y dulzuras.
Al ajedrez yo jugué
sin aliados que me amparen,
pero hoy me tocó perder
con él que de amor no sabe.

LA ILUSIÓN

Como el diente de león
se esparce con el viento,
el profundo sentimiento
que brota del corazón,
y se convierte en lamento
cuando muere la ilusión.

Cuando llega la noche
hay soledad en la cama,
y queda solo un reproche
para quien tanto se ama,
con el que se hizo derroche
de amoroso pentagrama.

Quiere arrancar el amor
que como planta germina,
pues aún le queda el honor
y aunque el sentir le domina,
no quiere sufrir dolor
que con saña le fulmina.

BAJO LA LLUVIA

Cual rosa bajo la lluvia
se encuentra muy triste el alma,
mientras llueve una tormenta
que el sentimiento aniquila.

Esas gotas incesantes
golpean con saña el pecho,
descubriendo en la memoria
tristes momentos vividos.

Los pétalos se sostienen
mientras que lloran las nubes,
su llanto más quejumbroso
que hace en la garganta un nudo.

El viento no la destruye
pues es valiente esa rosa,
y aunque con fuerza la mueve
se yergue mirando al cielo.

VOY A OLVIDAR

(Canción Ranchera)

Ya no me declama versos
acurrucado en mi cama,
me ha dejado sin aviso
con frío en la madrugada.

Cuando -temblorosa busco-
calor y abrigo en sus brazos,
el corazón me susurra
que él no está más a mi lado.

Una lanza hay en mi pecho
clavada como ponzoña,
y poco a poco se lleva
mi vida que está tan sola.

Siento que muero de pena
desnuda sobre mi cama,
porque él ya no apaga el fuego
de brillante color grana.

Ya no quiero lamentarme
por la falta de sus labios,
y voy a olvidar; ¡Lo juro!
el dolor y los agravios.

Ya no quiero lamentarme
por la falta de sus labios,
y voy a olvidar; ¡Lo juro!
que fueron mi relicario.

VUELAN MIS PENSAMIENTOS

Vuelan mis pensamientos hasta tierra lejana
en busca de tu boca que yo tanto besé,
con el alma impregnada de ternura y de fe
y la firme esperanza de encontrarte mañana.

Un lucero me alumbra protegiendo mi paso
y es que anhelo mirarte cuando llegue la tarde,
con su tono rojizo que entre las nubes arde
mientras pienso en tus besos contemplando el ocaso.

Mi vida no es la misma desde que tú te fuiste
dejándome tan sola sin tu boca y tus besos,
pues tan feliz me hacías con tus tiernos excesos
de caricias ardientes cuando tu amor me diste.

Me atormenta tu ausencia sin saber más de ti
y me siento muy triste bajo este viejo pino,
donde siempre te espero divisando al camino
porque extraño tus ojos y lo que en ellos vi.

UNOS OJOS TIERNOS

Hoy me miraron unos ojos tiernos
que se clavaron tímidos y ardientes
en el fondo del iris de los míos,
y les contaron cálidos secretos.

No se desviaron como lo hacen a veces
para ocultar el fuego de su piel
y el sueño de rozar mi dulce boca,
con sus labios fogosos y traviesos.

Se estremeció mi cuerpo al verlo cerca
y como imán sentí que me atraía,
mas no llegó a tocarme con sus manos
aunque su alma en la mía se incrustó.

A partir de mirarme en esos ojos
flota mi cuerpo plácido y feliz,
pues lo llevo en mi pecho cual jilguero
y me arrulla su trino de campana.

Grabada su mirada seductora
se ha quedado en mi pecho para siempre,
protegiendo el camino de mi vida
como faro que alumbra mi ventana.

COMPADÉCETE DE MI SEÑOR

Compadécete de mí Señor
que la carga en mi espalda es grande,
y a veces siento que no puedo
seguir mis pasos adelante.

Miro al cielo todas las noches
y lloro muy triste al hablarte,
cuando yo más te necesito
por el dolor y mis pesares.

Acércate Señor y escucha
porque Tú eres el que más sabe,
de este terrible sufrimiento
que a mi corazón lo abate.

Cúbreme con tu bello manto
y déjame cruzar los mares,
donde germina la esperanza
que ha de curar todos mis males.

Ya no puedo más Padre mío
con la pena que me invade,
y no me dejan ser feliz
aquellas esquirlas punzantes.

Hoy muy cercano te he sentido
cruzando el cielo como un Ave,
hasta sanar mi corazón
con tu Bendito Amor de Padre.

SEÑOR

"Señor que estás en el Cielo"
y observas mi sufrimiento,
mira hoy mi arrepentimiento
pues necesito consuelo.

Me lamento con tristeza
porque siento gran amor,
como si fuera una flor
en el pecho y la cabeza.

Ya no quiero sufrir más
y te ruego que me ayudes,
de mis palabras no dudes
pues yo mentirte, ¡jamás!

Arranca con todo y raíz
de mi triste corazón,
aquel que sin compasión
lastimó a esta flor de liz.

Señor, abriga mi vida
con tu manto y tu mirada,
porque hoy vengo ilusionada
que tú sanarás mi herida.

Padre bendito y amado
compadécete de mí,
que como triste alhelí
tengo el corazón cansado.

EL NÉCTAR DE SUS FUENTES

Ante un bello lucero le declama
los poemas que brotan de su pecho,
y le dice lo mucho que él le ama
recostando su cuerpo en ese lecho,
de blancas azucenas que es su cama
donde feliz recorre todo el trecho
hasta las lunas blancas y turgentes
que le ofrecen el néctar de sus fuentes.

AL BEBER DE AQUELLAS FUENTES

Se estremece al beber de aquellas fuentes
que su musa le ofrece con ternura,
y la mira con ojos sugerentes
mientras besa sus senos con premura,
con roces y caricias muy ardientes
que al corazón embriaga de locura,
pues sus cuerpos están comprometidos
a disfrutar de amores atrevidos.

PERLAS

Del alma llueven
perlas color granate
con aguijón.

El pecho late
como en su cauce el río
por un amor.

La dulce brisa
consuela el alma bella
cuando hay dolor.

El grillo ufano
canta de madrugada
su sinsabor.

La luna altiva
al sol ansiosa espera
de corazón.

Yo que te adoro
por las noches te sueño
con ilusión.

OTROS POEMAS

Otros poemas escribo
con la tinta de mi pluma,
que nacen del corazón
bajo la luz de la luna.

Son sentimientos diversos
de lo profundo del alma,
que desean expresarse
al llegar la madrugada.

Cuando desde el cielo azul
resbalan lindas estrellas,
sobre mis hojas en blanco
forman al caer poemas.

Lugares y situaciones
Inspiran sentidos versos,
que tocan el alma mía
con su candor y embeleso.

LIRIOS ROJOS

(A la madre)

En una mujer mayor
ve de su madre los ojos,
y le brinda lirios rojos
como muestra de su amor.

Nunca tuvo la caricia
de los labios de su madre,
y aunque creció con su padre
su dicha es casi ficticia.

La orfandad le ha lastimado
y se siente en soledad,
buscando felicidad
que siempre pasa de lado.

En sueños ve la mirada
de una mujer amorosa,
que le regala una rosa
y entonces, se siente amada.

Al despertar, "llora mares"
porque su madre no existe,
y la soledad le viste
el corazón de pesares.

EL OFICIAL

Al trabajo con orgullo
el oficial de uniforme,
se va siempre muy conforme
a laborar sin barullo.

Firme la ley implementa
y profesional se porta,
pues ser buen ejemplo importa
y él nunca se lamenta.

Cada día muy temprano
deja su familia sola,
en el cinto su pistola
y el corazón en la mano.

Ante el peligro se crece
y recordando a sus hijos,
con los ojos siempre fijos
su ilusión nunca fenece.

ALBANIA

Cuando era una jovencita
trabajaba en una tienda,
donde se vendían discos
y en música era una experta.

Ella ordenaba los discos
y tenía siempre idea,
que canción gustaría
y tendría buenas ventas.

Le encanta escuchar boleros
y canciones de los Muecas,
disfruta de Paco Stanley
su colección de poemas.

Del grupo Tigres del Norte
es "Mi Sangre Prisionera"
una canción que le gusta
y "La Bala" tristes letras.

A su padre con cariño
a menudo lo recuerda,
pues el mucho la apoyó
desde que era muy pequeña.

Se casó y dejó Tijuana
su querida y bella tierra,
y se mudó a Chula Vista
muy cerca de la frontera.

Dio a luz una hija y dos hijos
que la llenan de terneza,

pues los ama con el alma
como a sus nietos y nietas.

Albania es muy buena amiga
que a todo mundo respeta,
"ella es una gran señora",
y al que está triste consuela.

Comparte rica comida
cuando se sienta a la mesa,
con amigos del trabajo
tan amable y tan correcta.

Orgullosa de sus hijos
siempre en su familia piensa,
y en ayudar a su hermana
se pasa noches en vela.

Pronto se va a jubilar
y tristes sus compañeras,
pues la ven como a una madre
con su sonrisa serena.

Todos la van a extrañar
pero algo a ellos les consuela,
que va a descansar Albania
y podrá dormir su siesta.

Ya podrá ir de paseo
siempre que a ella le apetezca,
quizás se vaya a Oaxaca
otra vez en avioneta.

ELLA

(Sally)

Es mujer trabajadora
muy segura de sí misma,
a su madrecita adora
y sonríe con carisma.

A quien necesita ayuda
se la brinda con esmero,
y sus amigos sin duda
le dan cariño sincero.

Nació en familia sencilla
donde importan los valores,
y en la iglesia se arrodilla
para dejar sus temores.

Ella es buen ejemplo
de que el trabajo enaltece,
y que no solo en el templo
a Dios su amor se agradece.

Orgullosa de su origen
habla con una sonrisa,
y las cosas que le afligen
las arregla muy de prisa.

Inteligente y activa
es México-Americana,
-sus amistades cultiva-
cual jardín por la mañana.

SU RISA

(Karina)

Cual tañido de campana
y contagiosa es su risa,
es muy amable con todos
buena persona y amiga.

Ella es muy trabajadora
tiene el alma de una artista,
y decora las paredes
con bellas fotografías.

Su actitud inteligente
la demuestra al ser creativa,
y utilizar herramientas
de nueva tecnología.

Se ha ganado gran respeto
de toda la compañía,
porque no teme al trabajo
que con orgullo realiza.

Llega siempre muy temprano
y en el rostro una sonrisa,
que a todos ella regala
con bondad y simpatía.

En su familia la quieren
pues ella es quien los motiva,
a ser felices y unidos
y a disfrutar de la vida.

ES ALEGRE

(Vicky)

Día de santa Cecilia
de los músicos patrona,
nació Cecilia Victoria
conocida como Vicky.

Es alegre y muy inquieta
sincera y apasionada,
amiga de sus amigos
su alma es como bella flor.

Ayuda al necesitado
por sus buenos sentimientos,
y en su carro ella se lleva
alguno que no conduce.

A sus hijas las adora
y muy orgullosa está,
de tan hermosas criaturas
que de su vientre nacieron.

Se divierte como nadie
pues sabe que es importante,
pasarla bien en la vida
sin descuidar la familia.

Ha sido para sus hijas
madre y padre por igual,
pues tiene la fortaleza
que del corazón le brota.

A trabajar se dirige
con la frente muy en alto,
gran dignidad en el rostro
y uniforme al que respeta.

Vicky es un gran ser humano
gran amiga y compañera,
quien al trabajo no teme
pues trabajar dignifica.

DOS ÁNGELES

(Cindy)

Dos Ángeles en el cielo
le brindan todo su amor,
y pide de Dios consuelo
con el alma y corazón.
Aunque se fueron temprano
en su vida están presentes,
y la toman de la mano
con sonrisas florecientes.
Su padre muy orgulloso
al verla tan diligente,
la bendice amoroso
para que el dolor se ausente.
Su marido, aunque la extraña
quiere que sea muy feliz,
por la noche y la mañana
como bella flor de liz.
Ella camina en la vida
con esperanza profunda,
pues se siente bendecida
por una luz que la inunda.
Sus hijos son su motor
al igual que su mamá,
a la que brinda una flor
y a la que siempre honrará.
Se fueron sus dos amores
dejándola a la deriva,
mas dejando sus temores
tomó el timón su vida.

MUY SONRIENTE

(Bárbara)

Como toda buena madre
se siente muy orgullosa,
de Nicholas y Aleksander
sus hijos a los que adora.
Es mujer inteligente
y de alma muy positiva,
no permite a los problemas
interferir en su vida.
Se levanta muy temprano
para irse a trabajar,
pero siempre de sus niños
al pendiente ella estará.
Muy sonriente enfrenta al mundo
y se encomienda al Señor,
confiando en su gran bondad
igual que en su dulce amor.
Con su marido hace equipo
y acomodan sus horarios,
por el bien de su familia
pues ambos son solidarios.
En unidad con su esposo,
hijos, amigos, y padres,
celebran días festivos
con actitud muy amable.
Al cielo se fue su hermano
-pues Dios lo necesitaba-
y por ella siempre ruega,
por ser su querida hermana.

SU ABUELO

Alfarero era su abuelo
allá en la bella Tijuana,
y donde cada mañana
el alma estaba en revuelo.

Era muy enamorado
y las chicas conquistaba,
mientras la arcilla mezclaba
ardiente y apasionado.

Él lo sigue recordando
con una alegre sonrisa,
porque, aunque se fue de prisa
a su abuelo sigue amando.

Apenas tenía un año
cuando su padre murió,
y por su madre sufrió
pues al morir le hizo daño.

Cuando él cumplió diecisiete
su madre se fue a los cielos,
y sin sus padres y abuelos
se quedó aquel mozalbete.

Se sintió en el abandono
y en soledad absoluta,
caminando por la gruta
de la orfandad y el encono.

Desde joven trabajó
en diversas posiciones,
lleno de satisfacciones
que con su esfuerzo logró.

Tiene dos hijos y nietos
con su bellísima esposa,
a la que brinda una rosa
por amor y sus decretos.

Ya mucho tiempo ha pasado
desde que él fuera aquel niño,
que sin amor y cariño
se sintiera desolado.

Hoy bendecido se siente
dando gracias al Señor,
que le ha ofrecido su amor
de manera tan latente.

AYER SE FUERON

(Maga)

Ayer se fueron al cielo
sentados en una estrella,
para brindarte consuelo
pues eres su niña bella.

No es grande la lejanía
porque ahora en tu pecho están,
y si el alma te dolía
ellos te la sanarán.

Ya no quieren verte triste
y a Dios le piden por ti,
pa' que seas como fuiste
alegre cual colibrí.

Te mandan mil bendiciones
por la noche y la mañana,
embriagados de ilusiones
cual tañido de campana.

SU MANO

(A mi padre)

Ya tu mano no acaricia
mi cabeza ni mi rostro,
cuando a rezar yo me postro
por un mundo con justicia.

El barbecho está muy triste
y el arado está de luto,
porque este año no habrá fruto
ya que muy lejos te fuiste.

Al elevar hoy los ojos
mi corazón se estremece,
y mi sonrisa fenece
en este mar de abrojos.

Me hace falta ver tu cara
y me brindes tu ternura,
porque solo hay amargura
que tu partida dejara.

Hace un mes me abrazaste
cuando el corazón latía,
mientras yo me despedía
y tú muy triste quedaste.

Entre las nubes del cielo
se dibuja tu sonrisa,
y aunque te fuiste de prisa
tu recuerdo es mi consuelo.

TRISTE LUNA

(Canción a mi padre)

Cual triste luna en lo alto del cielo
quedó mi vida sin ilusión,
pues te has marchado sin despedirte
y me has causado un gran dolor.

Miro tus ojos entre las nubes
y yo quisiera llegar a ti,
para decirte cuánto te extraño
desde ese día que te perdí.

Recuerdo mucho cuando era niña
y juntos íbamos a sembrar,
tú abrías el surco con el arado
yo te seguía con mi morral.

Cuando ya había pasado el tiempo
los dos nos íbamos a comer,
prendías fuego con ramas secas
y la comida sabía muy bien.

Allá en septiembre cuando había elotes
entre las brasas rojo carbón,
con todo y hojas asabas muchos
de esos elotes con ilusión.

En este día no estás presente
mas te bendigo con mucho amor,
y tus consejos muy bien guardados
los llevo siempre en mi corazón.

ESTE BESO

(A mi padre)

Con la mano en el arado
va mi padre abriendo el surco,
y yo sembrando el maíz
aunque el alma está de luto.

Siempre le vi trabajar
y luchar como ninguno,
no quería perder tiempo
para arreglar sus asuntos.

Un buen padre y buen esposo
que a su familia mantuvo,
con dignidad y trabajo
que le causaban orgullo.

Padre, te brindo este beso
con amor de lo más puro,
pues tú eres merecedor
de este sentir tan profundo.

PADRE, TE HAS IDO

Padre, te has Ido lejos
con tu mirada tranquila,
y has dejado de sufrir
pero te extraña tu hija.

Ya no hay nadie que le cante
o le anime a seguir escribiendo,
y los versos ya no brotan
como maíz en el surco.

El barbecho está desierto
pues la lluvia de largo se fue,
al saber que un hombre trabajador
ya no se levanta de madrugada.

La yunta está dispersa
y no hay nadie que les guíe
con amor y templanza,
como en antaño hacías tú.

Padre, duele mucho tu ausencia,
y este día del padre
te desearé felicidad,
porque yo te sigo amando.

Aún recuerdo tu sonrisa,
los callos de tus manos,
tus palabras de aliento
y la bondad de tu alma.

Gracias por darme la vida,
por haber sido mi amigo,
por respetar mis decisiones,
y por bendecirme siempre.

Junio 17, 2016

LAS MADRES

Hoy que se festeja a las madres
quiero elevar una oración,
para pedir por todas ellas
con el alma y el corazón.

Son enfermeras y doctoras
mientras cuidan a sus hijitos,
y ante el dolor y sufrimiento
solo demuestran optimismo.

Aman a todos por igual
como los dedos de sus manos,
y orgullosas de hijos e hijas
ruegan que Dios les de su amparo.

Cuando llegan a ser adultos
y van a buscar su destino,
el alma se rompe en mil partes
de aquella quien les dio la vida.

Si un hijo se va para siempre
como un ángel volando al cielo,
el consuelo jamás lo encuentran
y el corazón vive en tormento.

Nadie puede entender la madre
que a un hijo pierde temprano,
y solo podría entender
si un día pierde un hijo amado.

Se puede caer una y mil veces
porque el dolor jamás termina,
pero lucha por levantarse
para seguir con su vida.

No hay amor tan maravilloso
entre la tierra, el cielo y el mar,
porque en el alma de una madre
crece amor que no tiene par.

A las madres van estos versos
con respeto y admiración,
por trabajar sin tener pago
sin descanso y brindando amor.

Hoy que es el día de las madres
ruego al cielo que sean felices,
porque sus hijos amorosos
igual que yo las bendicen.

MADRE

Madre, tú que una mañana
le recibiste en tu regazo,
con una mirada amorosa
y mil caricias en tu abrazo.

Has sabido guiar su camino
con ejemplo y sabiduría,
sin dejar que en los vicios se hunda
pues eres su faro y su guía.

Por largas horas estuviste
cuidando de su enfermedad,
sin dormir siquiera un momento
y en tu rostro luz de bondad.

Mil veces quedaste con hambre
para que tus hijos comieran,
y aunque muy débil te sentías
preferiste que no supieran.

Hoy que luces vieja y cansada
tus hijos se han ido alejando,
y tú tan triste y solitaria
pues tu vida se va apagando.

Ya no están tus niños queridos
para cubrirlos con tus besos,
y brindarles tus bendiciones
a pesar de que eran traviesos.

Siempre esperas una llamada
con el teléfono a tu lado,
y le imploras a Dios del cielo
que hable o te escriba tu hijo amado.

Cuando llega el diez de mayo
ruegas que aparezcan tus hijos,
mas eso no siempre sucede
y lloras con los ojos fijos.

Ellos muy tarde se dan cuenta
que han perdido a su dulce madre,
y quisieran volver atrás
para honrarte junto a su padre.

A la tumba te llevan flores
y te cantan sus tristes versos,
mas te has marchado entre las nubes
dejando a tus hijos dispersos.

Lloran y se lamentan todos
pero eso en nada les ayuda,
porque ya no pueden besarte
y el corazón se les anuda.

Se dejan caer de rodillas
y ante Dios lloran de emoción,
por no haber llegado a tiempo
a recibir tu bendición.

LESLIE

(A mi hija)

Ella me miró a los ojos
al estar en mi regazo,
y le hablé muy amorosa
mientras tocaba su mano.

Estaba tan pequeñita
con sus ojos como faros,
su boquita era una flor
cuál pétalo de geranio.

Hoy volvieron los recuerdos
aunque han pasado los años,
pues ella fue para mí
del cielo un bello regalo.

De mis hijos la primera
con su dulzura y encanto,
muy sonriente y juguetona
su pelo dorado y largo.

Este día especial
quisiera darle un abrazo,
decirle que ella es mi orgullo
y que le quiero yo tanto.

La bendigo con el alma
-y pido que con su manto,
Dios del Cielo la cubra-
potregiéndola del llanto.

BRENDA

(A mi hija)

Cual regalo ella nació
y al mirarla tan sonriente,
le di gracias al señor
besando a mi hija en la frente.

Chiquita y tan indefensa
la abracé con mucho amor,
y quise calmar su llanto
de tan dulce y linda flor.

Un mechón blanco en el pelo
tenía cuando bebita,
y todos se lo alababan
pues lucía muy bonita.

Muy inquieta era mi niña
juguetona y muy risueña,
y al espejo se miraba
cuando ella aún era pequeña.

Hoy que ya ha pasado el tiempo
muy feliz e independiente,
marcha en la vida muy firme
porque es mujer muy valiente.

Mil bendiciones le envío
para que siga adelante,
y sea siempre feliz
como un hermoso diamante.

RANDY

(A mi hijo)

En mi vientre por nueve meses
te llevé con gran ilusión,
y esperaba con emoción
que a mis brazos acudieses.

Cuando naciste mi niño
cantaron los ruiseñores,
sus cantos que son primores
con ternura y con cariño.

Miré tus hermosos ojos
y tu boquita risueña,
que fue cual divina seña
mientras me puse de hinojos.

Dios me concedió el milagro
al enviarte a mi regazo,
después que se llegó el plazo
y a cuidarte me consagro.

Hoy te recuerdo pequeño
jugando con el perrito,
y es que todo era bonito
aunque ya parece un sueño.

Ahora que el tiempo ha pasado
te has convertido en adulto,
y mi orgullo no lo oculto
pues mi amor por ti es sagrado.

VERDE MAR

(A mi esposo)

Cariñoso con sus hijos
como si fuera su amigo,
jugaba con ellos siempre
allá en los campos de trigo.
Alegres se divertían
y se inventaban carreras,
entre las milpas y cedros
en empinadas laderas.
A caballo los llevaba
a echar clavados al río,
muy alegres y sonrientes
aunque hiciera mucho frío.
Hombre muy trabajador
desde que él era muy joven,
y toca el acordeón
como no hizo Beethoven.
En su trabajo es experto
y los clientes le agradecen,
por la atención que reciben
y que todos se merecen.
"Verde mar" tiene los ojos
bajo sus pestañas largas,
nunca ha podido olvidarse
de su vida en las montañas.

CUÉNTAME

"Abuelita, abuelita",
cuéntame muchos cuentos
de estrellas en el cielo
y ángeles con alitas.

Quiero seguir soñando
en hermosos castillos,
y en princesas de encanto
con vestidos muy lindos.

Comparte tus historias
de escondidos tesoros,
en las viejas casonas
y en los antiguos pozos.

No dejes que me duerma
pues quiero que me cuentes,
como es el río Sena
y sí mucho me quieres.

Vámonos a París
mi querida abuelita,
pues yo quiero subir
a esa torre tan linda.

Quiero llevarte a España
de donde era tu abuela,
y después hasta Irlanda
donde mi alma se sueña.

DON QUIJOTE

Un poema a Don Quijote
yo le quiero dedicar,
mas no se vaya a enojar
su Dulcinea y me azote.

Muy admirado señor
cuénteme de sus andanzas,
y sus peleas con lanzas
por doncellas y su honor.

Dígame si esos gigantes
palidecieron al verle,
como todo un mozalbete
montado en su Rocinante.

De su escudero Don Sancho
quisiera saber la hazaña,
porque él siempre le acompaña
y no sé si dará el ancho.

Me gustaría escuchar
que opina de Don Miguel,
si tiene amistad con él
o si lo quiere olvidar.

"Ya me voy ya me despido"
pues no quiero molestarlo,
porque solo he de admirarlo
y con respeto lo digo.

DUÉRMETE MI NIÑA

"Duérmete mi niña
duérmete me ya",
"mira que es muy noche
y hay que descansar".

No te olvides nunca
que mamá te cuida,
y te quiere mucho
igual que papá.

Deja que te canten
hoy los ruiseñores,
para que te duermas
bajo el cielo azul.

Ya viene la luna
con su cara blanca,
cantando una nana
llena de emoción.

Las lindas estrellas
cual bellos faroles,
adornan el cielo
con su gran fulgor.

Allá en el jardín
canta alegre un grillo,
una serenata
con mucha ilusión.

Eres mi princesa
regalo en mi vida,
mi niña preciosa
una bendición.

Duérmete mi niña
duérmete me ya,
mira que temprano
te has de levantar.

BORDADORA DE SONRISAS

Borda que borda la niña
con su corazón muy triste,
porque su padre está enfermo
y con amor la bendice.

Recuerda sus años mozos
y cosas buenas revive,
cuando con un par de mulas
araba la tierra insigne.

Sigue bordando la niña
y escucha un canto sublime,
cuando su padre amoroso
que la adora, le repite.

Tañen con melancolía
las campanas que no ríen,
por el dolor que a ese hombre
el cuerpo y alma le viste.

Niña que bordas sonrisas
has que una sonrisa brille,
para que alegre a tu padre
cuando a los ojos te mire.

SELLO DE MUJER

Mujer que vas por la vida
en contra de la corriente,
para conseguir tus sueños
con mucho esfuerzo y amor.

Te vas muy tarde a dormir
y sales de madrugada,
porque eres muy diligente
en casa escuela y trabajo.

Das consuelo aquel que sufre,
sabio consejo al que vive
extraviado en su consciencia,
y alimento para el alma.

Eres enfermera innata
cuando se enferman tus hijos,
y primero es tu familia
aunque poco comas tú.

Has ido cambiando al mundo
con tu gran tesón y empeño,
sin dejar de ser quien eres
sonriente, dulce, y muy tierna.

En las cosas del amor
vida y corazón regalas,
en los besos y caricias
con tu "sello de mujer".

BORREGA TRAVIESA

De negro y blanco se viste
esa borrega traviesa,
que al cerco se va trepando
como si fuera una reina.
Una mariposa viene
y ante su mirada vuela,
en la cabeza se posa
de la borreguilla inquieta.
Un jilguero en un manzano
muy alegre canturrea,
y borrega y mariposa
escuchan mientras le observan.
De pronto y sin previo aviso
brinca del cerco y las piedras,
vuelan tras la borreguita
y resbalan por la cuesta.
La mariposa se asusta
y presurosa aletea,
hasta llegar a las rosas
y se para en una de ellas.
Del cielo resbalan gotas
que van mojando la tierra,
y se perfuman los campos
con dulce olor de violetas.

LA NIÑA Y LA RANA

Brinca la niña en el campo
entre bellas mariposas,
mientras viene la tormenta
que a lo lejos ya se asoma.

Una rana saltarina
le regala una corona,
y le cuenta entre lamentos
que se siente ella muy sola.

La niña muy pensativa
tan sensible se emociona,
pues quiere adoptar la rana
y hasta la rana se asombra.

La quiere llevar a casa
pues ella piensa que llora,
y que se pone muy triste
porque no tiene una alcoba.

Y la toma entre sus manos
mientras le cuenta sus cosas,
como si fuera una amiga
a quien conoce de otrora.

Las mariposas felices
las miran mientras las rondan,
porque la niña y la rana
conversan por largas horas.

CHARLIE

Charlie cual maestro ha sido
para Leslie su mamá,
porque lecciones le da
que no había conocido.
Le enseñó que un ser humano
debe olvidar el rencor,
y solo albergar amor
como todo buen cristiano.
Charlie no solo es un perro
con ojos grandes y oscuros,
pues aunque no salta muros
tiene fortaleza de hierro.
Le enseñó a ser responsable
y que la vida no es fácil,
cuando la actitud es grácil
y para nada admirable.
Un perro es un ser de luz
que necesita cariño,
como si fuera otro niño
con mameluco andaluz.
Cuando Leslie llega a casa
Charlie la espera en la puerta,
con mirada tan alerta
porque el amor le rebasa.
Ya el perro no es un bebé
pues el tiempo no perdona,
y como a cualquier persona
en el rostro se le ve.
Leslie y Charlie son amigos
y se tienen mucho afecto,
con alma y con intelecto
y de eso hay muchos testigos.

TOMMY

Cuando sale de su jaula
Tommy vuela presuroso,
y se posa en la cabeza
de quien encuentra a su paso.

Grita y grita con enojo
cuando caso nadie le hace,
pues quiere que le platiquen
y entonces trina feliz.

Se para sobre la puerta
mirando a todos de lado,
porque se siente importante
y se alegra al ver a Brenda.

En el hombro lo coloca
y él muy contento la mira,
pues siente enorme cariño
por ella que es su mamá.

Desde el día que ella lo trajo
el perico es muy feliz,
y son los grandes amigos
como flores bajo el sol.

Cuando al trabajo se marcha
Tommy la despide inquieto,
y le pide que regrese
pa' trinarle una canción.

PATTY

Una hermana les pedí
a mi padre y a mi madre,
y un día llegó Patricia
a la que llamamos Patty.
Muy risueña y juguetona
es mi hermana la menor,
con su pelo negro y largo
que casi llegaba al piso.
Muchas amigas tiene
desde que era pequeñita,
y escucha con atención
las tristezas y penurias.
Ella es siempre positiva
y nunca critica a nadie,
sabe que nadie es perfecto
y en eso no ve problema.
Es madre muy amorosa
y esposa como ninguna,
a sus hermanos y padres
los lleva en el corazón.
Siempre ayuda al desvalido
si tiene oportunidad,
y comparte su comida
delicia del paladar.
Aficionada a la danza
le heredó el gusto a su hija,
y apoya a su hijo menor
su ilusión por el fútbol.
Con su esposo habla de todo
como si fueran amigos,
y le saca una sonrisa
pues no se le escapa nada.

MARÍA

Aunque no ve con los ojos
mira con el corazón,
mientras hablan sus amigos
escucha con atención.

La vida no es nada fácil
para los seres humanos,
y cuando no se mira
hacen falta los hermanos.

Ella camina con Orna
por calles de la cuidad,
y agradece a Dios del cielo
su protección y bondad.

A su hijo heredó su gusto
por todas las Bellas Artes,
y muy orgullosa va
del joven por todas partes.

Nunca se da por vencida
y lucha por superarse,
aunque a oscuras se ha quedado
no quiere desmoronarse.

Ella busca de la paz
que se encuentra en la natura,
bajo el cielo y las estrellas
con su luz brillante y pura.

EL PROFE

(Samuel Correa Carrillo)

Nacido en bello Jerez
Profesor de alto intelecto,
a Monte Escobedo fue
con su rostro de hombre recto.

A sus alumnos siempre dio
lo mejor de su sapiencia,
pues quiso heredar a todos
conocimiento y decencia.

Él es un historiador
y varios libros ha escrito,
a tierra zacatecana
cosas ciertas y algún mito.

Le ha escrito a Monte Escobedo
a Jerez, López Velarde,
la cultura y tradiciones
con bondad y sin alarde.

A la Casa de Cultura
brindó su tiempo y trabajo,
y a las tertulias poéticas
buena actitud les trajo.

Como es un gran orador
que conmueve hasta la luna,
cuando él declama poemas
hasta despierta Ovejuna.

Su familia es lo primero
hijos, nietos, y su esposa,
a los que ama con el alma
y a quienes brinda una rosa.

Bajo el brazo siempre un libro
para alimentar la mente,
nunca el Profe descansa
y de nada se arrepiente.

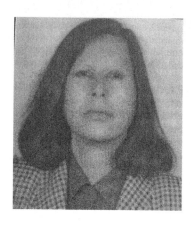

LA MAESTRA

(Elia Bañuelos de Santiago)

Nacida en Monte Escobedo
la maestra de Español,
con su clase tan amena
inspiró en mi la afición,
de escribir en verso y prosa
con gusto y dedicación.

Mujer muy inteligente,
trabajadora y amable,
nunca se dio por vencida
cuando impartía su clase,
quería que sus alumnos
llegaran a ser muy grandes.

Adora a Monte Escobedo
la tierra de su familia,
y va en busca de mejoras
cuando su tiempo dedica,
para enseñar lo que sabe
y en trabajo no escatima.

También me enseñó de inglés
palabras interesantes,
que más tarde me ayudaron
como una importante base,
cuando a cursos de Inglés fui
y me acordé de su clase.

Fundó ella un club de teatro
en la secundaria nueva,
e introdujo a sus alumnos
a la actuación con entrega,
y a dejar la timidez
entre actuación y poemas.

Fueron muchos estudiantes
que a su salón acudieron,
-pues querían aprender-
y al mirar con cuanto empeño
ella su clase impartía,
quisieron seguir su ejemplo.

Hoy después de tanto tiempo
estos versos le dedico,
para agradecerle todo
lo que por nosotros hizo,
pues como buena maestra
ella nos mostró el camino.

VIRGEN DE LA CONCEPCIÓN

Virgen de la Concepción
Reina de Monte Escobedo,
tus hijos llegan felices
a las puertas de tu templo.

Los festejos empezaron
con el fuego de la antorcha,
que los jóvenes trajeron
para tan dulce Señora.

Desde lejos han venido
sus hijos a bendecirla,
al tañido de campanas
que le rinden pleitesía.

El día ocho de diciembre
llega entre cantos y danzas,
con la banda del estado
y los músicos de casa.

Los danzantes se emocionan
cuando a la Reina reciben,
y le bailan para honrarla
por ser tan buena la Virgen.

Se aparecía entre los pinos
del bello Monte Escobedo,
cuando hasta Santa Teresa
la regresaban de nuevo.

Se dieron cuenta los padres
de su gusto por la sierra,
y levantaron un templo
donde ella feliz viviera.

Cada año se le festeja
con mañanitas y flores,
danzas cohetes y misas
para hacerle los honores.

Muchos son los que no llegan
porque están lejos de casa,
pero el corazón le envían
con oración y alabanza.

¡Que viva Monte Escobedo
y la Reina de las Flores!
Virgen de la Concepción
entre aves y ruiseñores.

JEREZ

Vengo a brindarte mi canto
bello Jerez Zacatecas,
tierra de López Velarde
y do naciera mi abuela.
La Virgen de la Soledad
protege a los jerezanos,
como su patrona y madre
cubriéndolos con su manto.
Cada año en la primavera
se organizan los festejos,
de la feria y su desfile
que se plasma en el recuerdo.
Escogen reina y princesas
entre "mujeres divinas",
quienes le causan orgullo
a Jerez y a sus familias.
Un compositor estrella
de la tierra Jerezana,
Señor Candelario Huízar
creador de bellas sonatas.
Poemas sinfónicos
que nos heredara Huízar:
"A Una Onda" (romanza),
y "Surco" y "Pueblerinas".
Su poeta López Velarde
escribió versos sublimes,
"Fuensanta" y su "Suave Patria"
con coloridos matices.
La casa donde el nació
es el Museo a Velarde
al que miles lo visitan
para contemplar su imagen.

El Maestro e Historiador
Profesor Samuel Correa,
publicó ya varios libros
por el amor a las Letras.
Honra a Jerez en sus libros
y en las historias que ha escrito,
pues orgulloso se siente
del suelo donde ha nacido.
Pueblo mágico nombraron
a esa tierra Jerezana,
donde impera la cultura
y la familia es sagrada.
Es su orgullo la Alameda
y de Cultura su Centro,
que el Arte promociona
de artistas con gran empeño.
Tocan canciones muy lindas
con instrumentos de viento,
que enamoran con su ritmo
sus letras y sentimiento.
Su gente buenos amigos
de sincero corazón,
que siempre están muy dispuestos
a brindar una oración.
En el jardín se pasean
parejas de enamorados,
entre las blancas palomas
el cielo y su dulce amparo.
Ya de Jerez hoy me marcho
con gran tristeza en el alma,
pero volveré algún día
para visitar su plaza.

MI MÉXICO

El quince de septiembre nació la independencia
cuando Miguel Hidalgo diera el grito en Dolores,
con el alma entusiasta por bélico tañido
de la vieja campana durante aquella noche.

De España fue liberta la raza de mi pueblo
y muchos combatieron con armas o garrotes,
por ser independientes de tierra tan lejana
aunque a la madre patria veamos sin rencores.

Cada año en estas fechas felices y orgullosos
los mexicanos cantan patrióticas canciones,
de loa por la tierra do han visto el sol primero
que ha brindado su abrigo desde el sur hasta el norte.

Mi México es muy rico por tantos minerales
porque bajo sus suelos se encuentran los crisoles,
que del oro y la plata brotan por la mañana
como las mariposas que vuelan por las flores.

Acarician sus costas hermosos océanos
como el bello Pacífico cuando le hace la corte,
y el Atlántico inmenso se dibuja en el este
mientras en tierra firme reverdecen los montes.

Sus volcanes despiertan para gritarle al mundo
que México y su gente son muy merecedores,
de sincera amistad, respeto, y libertad
como el hermoso campo que va en los corazones.

Son muchos mexicanos que se han marchado lejos
a buscar otro rumbo, mas su tierra y amores,
no los olvidan nunca porque están en el alma
prendidos, como el sol lo está del horizonte.

Desde tierras lejanas tu gente te recuerda
el mes de independencia con mariachis y sones,
sienten melancolía por no estar en su patria
y no tienen salida, solamente ilusiones.

LOS BARRANQUEÑOS

(Juan Manuel y Leobardo Pérez)

Nacieron en Santa Rosa
bello rancho junto al río,
y desde niños cantaban
aunque hiciera mucho frío.
Su madrecita querida
cantaba bellas canciones,
y siempre ellos la recuerdan
entre cantos y oraciones.
Les inculcó la lectura
desde que eran muy pequeños,
pues decía que los libros
le dan impulso a los sueños.
Silbaban en la barranca
mientras iban presurosos,
a trabajar en la milpa
responsables y juiciosos.
Ambos tomaron la yunta
durante una temporada,
pero antes siempre sembraron
la tierra allá en la hondonada.

Traían el agua en mancuerna
en botes de cuatro hojas,
desde el pozo de la manga
sin quejumbres ni congojas.
Regaban matas de chile
con el agua del potrero,
-de allá rumbo a la laguna-
chile de árbol y habanero.
En los surcos coleaban
y jineteaban los toros,
como dos buenos rancheros
mientras buscaban tesoros.
A veces tenían amores
aunque primero la escuela,
-pensaba así Juan Manuel-
y después ver la chicuela.
Le ayudaban a su madre
a lavar ropa en el río,
en los huizaches tendían
y en piedras del caserío.
Molían el nixtamal
dando vueltas al molino,
y la masa iba cayendo
en la batea de pino.
A México se marcharon
porque querían estudiar,
y además de ir a la escuela
discos querían grabar.
Un día su sueño alcanzaron
y como nombre escogieron,
"Los Barranqueños" con gusto
porque en barranca nacieron.

Casi treinta discos fueron
los que grabaron en plan,
con el famoso Mariachi
Vargas de Tecalitlán.
Entre otras "Pago al contado",
"El carro de la vida",
"Relicario de amores",
y "Huérfano y ciego".
Juan Manuel sigue escribiendo
bellas letras de canciones,
pues es algo que lo llena
de grandes satisfacciones.
Ya ha pasado mucho tiempo
desde que juntos cantaron,
hasta que el año pasado
a su tierra retornaron.
A Monte Escobedo fueron
a brindarle sus canciones,
con el alma impregnada
de profundas emociones.
Llegaron con una banda
y a dueto como en antaño,
entonaron melodías
de amor y de desengaño.
Hoy Juan Manuel y Leobardo
regresaron a su tierra,
a cantarle a sus mujeres,
a sus calles y su sierra.

BELLO MONTE ESCOBEDO

Hasta tu plaza yo vengo
mi bello Monte Escobedo,
al que en antaño llamaron
San Andrés del Astillero.
A declamarte un poema
con los versos impregnados,
del aroma de tus pinos
y las flores de tus campos.
Un sinfín de mirasoles
se prenden de las miradas,
con divino tono rosa
que hasta enamoran el alma.
Desde la cuesta y sus riscos
se vislumbra tu hermosura,
y cual cuenta de rosario
cuelga del cielo tu luna.
Las campanas de tu iglesia
tañen de mañana y tarde,
y se escuchan a lo lejos
con sus benditos mensajes.

Son las piedras de tus cercos
lindas perlas y diamantes,
que muy elegantes brillan
sobre tu sierra y tus valles.
Tus barbechos con sus milpas
llenas de espigas doradas,
como un regalo del cielo
que al corazón da esperanza.
Tu gente trabajadora
se levanta por amor,
a realizar tareas
desde antes que salga el sol.
En cada surco el labriego
va dejando el corazón,
mientras el arado rompe
la tierra con su tesón.
Por la calle tus mujeres
con botes de nixtamal,
se dirigen al molino
y regresan a tortear.
Algunas ordeñan vacas
para preparar el queso,
que tan delicioso sabe
en un taco recién hecho.
Otras, la miel de maguey
que no es tarea sencilla,
pero tan exquisita huele
mientras hierve en la cocina.
Por las tardes en el quiosco
con instrumentos de viento,
tocan músicos locales
melodías del recuerdo.
Los jóvenes y mozuelas
dan la vuelta en el jardín,

y se encuentran sus miradas
como rosa y colibrí.
El águila real vigila
desde lo alto de la sierra,
con sus ojos muy atentos
y sus alas bien abiertas.
Un venado por la noche
divisa a monte Escobedo,
donde vivió con sus padres
y le han venido recuerdos.
Al caminar por tu sierra
bajo los pinos inmensos,
se siente el alma feliz
porque ahí no pasa el tiempo.
Las agrillas, manzanillas,
y tunas en tus laderas,
alegran el paladar
de todos los que las prueban.
Los arroyos de agua clara
entonan su canto dulce,
conmoviendo el corazón
y hasta los cielos seducen.
Tus calles y sus portadas
en la memoria se quedan,
como un tapiz en el alma
de finura y gran belleza.
La música de tambora
llega a todos los rincones,
mientras en Monte Escobedo
le toca canción de amores.
Querido Monte Escobedo
me despido aunque me duela,
de tu sierra y de tus calles
pero el corazón se queda.